中國文化的基質

先秦诸子的世界

张涅 —— 著

ZHEJIANG UNIVERSITY PRESS

浙江大学出版社

图书在版编目（CIP）数据

中国文化的基质：先秦诸子的世界 / 张涅著. --
杭州：浙江大学出版社，2020.10
　（近思录）
　ISBN 978-7-308-20504-7

　Ⅰ.①中… Ⅱ.①张… Ⅲ.①先秦哲学—研究 Ⅳ.
①B220.5

中国版本图书馆CIP数据核字（2020）第159761号

中国文化的基质——先秦诸子的世界

张　涅　著

责任编辑　宋旭华
文字编辑　吴　超
责任校对　吴　庆
封面设计　项梦怡
出版发行　浙江大学出版社
　　　　　　（杭州天目山路148号　邮政编码：310007）
　　　　　　（网址：http://www.zjupress.com）
排　　版　浙江时代出版服务有限公司
印　　刷　绍兴市越生彩印有限公司
开　　本　880mm×1230mm　1/32
印　　张　7.125
字　　数　166千
版印次　2020年10月第1版　2020年10月第1次印刷
书　　号　ISBN 978-7-308-20504-7
定　　价　48.00元

前言：阅读诸子的方法问题

这本小书介绍诸子著作的思想内容，以及入门的路径。

诸子时代从春秋末到西汉初，三百余年。一般称为"先秦诸子"，只是就其重点而言，是约定俗成的说法。

诸子的著作定本约在西汉中期已经形成。流传至今的，有《论语》《孙子兵法》《墨子》《老子》《孟子》《庄子》《商君书》《公孙龙子》《管子》《韩非子》《荀子》《吕氏春秋》《淮南子》十三种。另外，《孙膑兵法》在1972年才出土发现，对汉以后的思想文化的产生影响不大，《列子》《文子》等疑为魏晋时期的著述，这里就不列入了。

大家知道，这些都属于"轴心时代"的思想创造，构成了中国文化的基质。卡尔·雅斯贝尔斯说过，公元前500年前后，"在中国，孔子和老子非常活跃，中国所有的哲学流派，包括墨子、庄子、列子和诸子百家，都出现了。……这个时代产生了直至今天仍是我们思考范围的基本范畴"[1]。无疑，要懂得中国的历史文

---

[1] 卡尔·雅斯贝尔斯：《历史的起源与目标》，魏楚雄、俞新天译，华夏出版社1989年版，第8-9页。

化，深入地思考一些问题，需要读诸子的著作。

没有读过诸子著作，没有对诸子思想有所领悟，却说懂中国文化，这是不可信的。

一

读诸子的著作，首先该注意两点：

（一）以书为单位。为什么需要这样？因为在现有文献条件下，不清楚作者是哪一位，或哪一些，解决不了这个问题。诸子著作中，书名有某一个"子"，却不能认定就是那一个"子"的著作。前人的研究已证明，一部分以他开端而已，另一部分则只是假托。因此从客观出发，我们只能说阅读这部著作，分析这部著作的思想内容，从这部著作中获得了认识；而不能说阅读某位"子"的著作，认识某位"子"的思想。严格地表达，应该是"《老子》说""《庄子》说"，而不是"老子说""庄子说"。后者只是一种习惯的、简单的说法。这个观点是傅斯年先生特别强调的，他曾说过："研究秦前问题，只能以书为单位，不能以人为单位。……因为'文献不足征也'。"①这显然是很理性的认识。

注意这一点，是强调诸子著作内容的复杂性。我们把它当作一个人的思想内容；用一个系统结构去归纳，不但过于简单，而且不够客观。

（二）不能套用现代的阅读分析方法。大家知道，现代的阅读分析方法是从西学那里过来的。西学以概念为基本单位，然后在概念的基础上做判断，在判断的基础上进行推理，构成一个体

---

① 傅斯年：《评〈春秋时的孔子和汉代的孔子〉》，顾颉刚主编《古史辨》第二册，上海古籍出版社1982年版，第141页。

系。其中的概念都有确定的内涵和外延，在任何语言环境下都是不变的。因此，所表达的意义是一般的、普遍的，对于所有阅读者都一样。假如套用这样的认识，以为只要领域相关，诸子所表达的也对于所有人有意义，那么就会出问题了。举个例子，《论语》说："父母在，不远游。"（《里仁》）那么我们年轻时最好不要离开家乡找工作了，因为这是孔子的告诫。再例如，《孙子兵法》说："少则能逃之，不若则能避之。"（《谋攻篇》）那么打不过敌人就逃命吧，因为这是兵圣的指示。诸子著作中，普遍这类表达。显然，这样的阅读分析肯定是错误的。

问题出在哪里呢？在习惯了现代的阅读和分析方法，没有注意到诸子文本表达的特殊性。

二

那么，诸子文本的表达有怎样的特殊性呢？主要的有两个：（1）特定性；（2）流变性。

所谓特定性，指不是对所有对象说的，不是对所有读者都有意义。在战国早中期，大多是对于特定对象的表达。到战国中期以后，有了针对普遍对象的表达，也还有许多特定性的。因此，没有现代著作那样的一般性意义。

那特定性可分为两类。一类是个别性的。例如《论语》，是原始的语录体，大多对个别性的对象而言。各条语录的原本意义，由语录句义、语录涉及的对象和语录产生的语境结合起来才形成的。我们在阅读时，该落实到语录所及的具体对象或事件中。要知道，语录原本只对于特定场境中的对象构成意义。例如孔子斥责冉有"非吾徒也"（《先进》），只是对他佐助季氏田赋这一事件的批评，并非一般性的结论。否则，就不能解释他何以又被列在"十哲"（《先进》）中。《论语》中多位弟子问"仁"，孔子的回答各不相同，当然也不是对某个弟子负责任，对另外弟子应付从事。李贽说"有为而发，不过因病发药，随时处方"（《焚书·童心说》），就指出了这一点。

另外是对某一类的对象说的，是类别性的。例如《孙子兵法》，前四篇对统帅讲战略原则，中间八篇对将军讲战术要求，末篇《用间》对统帅和将军都有意义。所以《形篇》讲"无奇胜"[①]，《势篇》讲"以奇胜"，并没有矛盾。因为《形篇》是对统帅讲的，统帅需要考虑政治、外交、经济等因素，"奇"即使"胜"，也没有决定性的意义；而《势篇》对将军而言，将军着重考虑具体作战的问题，要求出奇制胜。这样"不敌则避之"（《计篇》）之类的指示也能合理地解释，因为其只是对统帅讲的战争继续与否的原则。假若对于将军而言，怎么可能指示其在寡不敌众时临阵脱逃呢？显然，对统帅说的，对将军没有指导意义。

那些现在看来很抽象的表达，原本也往往是针对某一类对象的指示。例如《老子》，在各章的背后也潜存着特定类别的对象，大略有"士""侯王""圣人"三类。分清了对象类别的特定性，才可以读懂各章的本旨。例如对"士"讲的修养原则和方法，对"侯王""圣人"没有意义，其并非一般的人生论。对"侯王"讲的政治谋略和手段，对"士""圣人"也无甚意义。每一章的言说都以"道"为根本，但是因为对象类别的不同，对象所及的现实问题的不同，"道"的意义也不同一。对象的特定性，导致了"道"意义的不确定性和丰富性。

----

① 据银雀山简本。通行本无。

大概到了战国中后期，开始对普遍对象而言。秦汉之间的《吕氏春秋》《淮南子》，有贯通全书的构架考虑，更有一般性表达的企图。但是，其中许多篇章还是对特定对象说的。

对某个人当时的需要说的，或是对某一类别的人的需要说的，其所指示的意义，自然不能作为一般性来理解。

三

所谓流变性，指思想观点是变化发展的，不是静态的、结构性的存在。

大家知道，在战国早中期，诸子著作基本上由章句组成；到后期才有篇的形式，秦汉间才有整部著作的构架考虑。秦之前的那些章句或篇，可能是创始人不同时期的思想表达，也可能是门人、后学的思想记录。所以，形成的一部著作，实际上是一个学派的论集。一部著作经过了近百年、甚至二百多年的时间才形成定本，也就是说，这个学派的形成经过了近百年、甚至二百多年的历史过程。在那样一个思想激荡的时代，后学有思想发展是必然的。把它们编辑在一起，自然会呈现思想的流变性。

在这种流变中，前一章句或篇的观点往往被之后的思想所批判和超越。其只是一个阶段的总结，是思想的驿站。从这个角度讲，关于诸子，我们与其说他们表达了什么思想，不如说他们在思想着什么，思想到了什么。其中的思想是一个动词，不是名词。

这里，可能还留下学派创始人思想流变的痕迹。例如《逍遥游》篇，可能是庄周的思想表达。他先抒写人生的宏大志向，像鲲鹏展翅一样，以为"用大"就是"逍遥"；接着由"小大之辩"思考到"物任其性"，认识到适合本性的才是"逍遥"，否定了"用大"说；随后又认识到"性"的存在不可能有真正的"逍遥"，就又否定"物任其性"说，提出"无己""无功""无名"的观点。这第三个阶段的思想也不是最后的结论，只是因为篇幅的关系止于此。这方面的思想在另外篇中还在继续，例如《德充符》说到"人而无情，何以为人"，就对"无己""无功""无名"作了否定。因为开始思考人何以"逍遥"的问题时，人是有"情"有"性"的；若为"无"了，就不是对有"情"有"性"的人而言，也就没有意义了。

更普遍可见的是学派思想的流变性。例如《论语》，子夏说："四海之内，皆兄弟也。"（《颜渊》）宰我说："三年之丧，期已久矣。"（《阳货》）显然是战国初墨家"兼爱""节葬"思想的先导。再有佐助季氏，作赋税改革，被孔子斥为"非吾徒也"（《先进》），是因为与法家的政治实践相近。这些弟子的言行是孔门学派思想流变的表现，也是诸子思潮在春秋后期的初步。

再如《孙子兵法》，讲到"归师勿遏，围师遗阙，穷寇勿迫"（《军争篇》），与《司马法》"逐奔不过百步，纵绥不过三舍"意思相同，属于春秋贵族战争时期"争义不争利"（《仁本》）原则的留存。另外讲"兵者，诡道也"（《计篇》）、"十则围之"（《谋攻篇》）、"千里杀将"（《九地篇》）等，则是春秋末以后的战略战术。在这里约略可见春秋至战国军事思想和战术原则的变化。

到了战国中后期，各家在坚持己说的同时吸收其他家观点，往往杂糅中呈现流变，流变中呈现多元。例如《庄子》的"外杂篇"对于"内篇"的思想发展：《天地》"尧观乎华"片断转到了神仙道教思想；《山木》"庄子行于山中"寓言提出"处乎材与不材之间"的观点，进一步阐释"无用"的处世思想；《至乐》"庄子妻死"寓言表达了超越死亡的态度，较之《德充符》的"形""神"关系又有发展；《天地》"子贡南游于楚"寓言追求精神意义，由对形体的超越拓展到对技术的超越。

再如《管子》，《经言》组提出以"商"辅"农"、以"法"补"礼"的政治经济思想，当为管子本人或学派早期思想的记录或传述。《外言》以下七组，从法家、兵家、名家、农家、阴阳家、轻重家、黄老道家等方向阐发转进，或继续政治路线的探索，或旁入经济学、军事学、农学等领域，或把"水""气""心""道"提升至形而上的层面。显然，学派思想有流变性和多向性。

到了秦汉杂家那里，才有了整部著作的构架性考虑。但是各篇章的内容还只是大略分类，大多还是拼凑起来的。细细分析，也有流变和多元的痕迹。例如《吕氏春秋》中，"十二纪"以"阴阳"思想为指导，自成体系，很可能早出。"八览""六论"为杂家性质，很可能晚出。

可见，忽略了诸子思想的流变性特征，系统认识和建构不可能是客观的。

四

注意到这些文本形式上的特征，就知道许多诸子思想原本是对特定对象说的，原本意义是特定性的。所谓的观点，只是思想流程中的阶段性表达。

那么，我们读诸子著作，如何得益呢？一般的，是从中获得自己所需要的同一类别的经验，以指导生活和工作。就是依据"类"和"宜"这两点。"类"指我们的经验需要与诸子的特定性表达是同一类的。"宜"是适宜，诸子的指示恰可给予我们经验活动的指导。

例如《论语》"父母在，不远游"（《里仁》），原本应该是对于父母需要其照顾的某个弟子说的。假如我们的父母也需要照顾，那么就遵循这条语录的旨意。假如父母健康，兄妹很多，那么这条语录对于我们不发生意义。再如《孙子兵法》"少则能逃之，不若则能避之"（《谋攻篇》），作为统帅，读之有意义；作为将军，读之没有用，因为面临再强大的敌人都得拼死作战。

当然，要深刻地领会诸子思想，还应该从特定性的表达中挖掘背后的一般性，从流变性的过程中建构内在的系统性。并且，由这样的一般性和系统性，去统摄所有的特定性意义和阶段性意义。

再以《论语》为例。我们要寻觅其背后的一般性意义，那么这个一般性意义是什么呢？这当然会有不同的理解。比如"敬"与"和"，都有合理性。"敬"是每一个人的做事原则，是修养的本质要求。"和"是和睦、和谐，是个人之间、个人与社会以及自然的相处准则，也是国家社会的目标所在。从《论语》本旨和当代社会需要上看，似强调"和"更有价值。因为《论语》思想建立在"礼"的基础上，"礼"蕴含着等差和谐的精神，用一个词来概括，就是"和"。《论语》中那些请教、应答以及教诲、批判的语录，背后都有一个社会的"和"的本旨。为什么斥责冉有"非吾徒也"？是因为其佐助季氏"聚敛"（《先进》），目的只在于"利"，背离了"和"的政治理想。特别重视"仁"和"中庸"，也是因为能促进"和"。同理，弟子们有关"四海之内皆兄弟也"（《颜渊》）的说法，以及税制、礼制方面的改革，也是从社会发展形势出发对于"和"的再认识。把握了"和"这个一般性意义，就可以统贯"道"的本体论、"礼"的伦理政治论、"仁"的人生论、"学"的教育论等，形成思想系统。

再如《孙子兵法》，分析那些特定性、流变性表达的背后的本旨，会发现都是一个"利"，是为了政治经济利益的最大化。战略上考虑政治、外交、经济条件，是为了避免战败，确保"利"的实现。战术上讲"虚实""奇正""军争"，重视地形和间谍工作，也是为了谋求最大可能的"利"。即使"穷寇勿追"，也是从春秋战争中追歼"穷寇"往往不能得"利"，还损失"义"这一角度考虑的。故而建构《孙子兵法》的思想体系，应该以"利"为核心，从战略和战术两方面展开。

当然，有关的认识会是多元的。这里所强调的，是这个工作不能从若干章句的语义中归纳出来，而应该深入其特定性、流变性的背后加以判定。例如关于《论语》的"和"，不能从《学而》"礼之用，和为贵"一语得出。关于《孙子兵法》的"利"，也不能只依据《计篇》"因利而制权"、《作战篇》"故不尽知用兵之害者，则不能尽知用兵之利也"这类句义。

由这样的方法和范式，更能进入诸子的世界。与传统的读法相比，这是另一条路径。

目　录

《论语》

　　孔子（前551—前479），名丘，字仲尼，鲁国陬邑（今山东曲阜）人。他一生致力于培养君子，对于社会政治和伦理问题有深远的思考。他是伟大的政治家、思想家、教育家，先秦儒家学派的创始人。

　　孔子的生平大略可分为五段：（1）约30岁前。他从小就爱好周礼，逐渐学有所成。他的父亲叔梁纥属于武士阶层，但是在他出生时，家境已经衰落。后来办学名闻遐迩，颜路、曾点、子路、伯牛、冉有、颜渊等追随他学习。（2）约30—50岁，既求学又求仕。约33岁时，他去周朝都城洛阳向老子学习礼，34岁时去齐国会见齐景公。回到鲁国后，整理《诗》的音乐，所教弟子众多。（3）51—54岁，在鲁国参政。他先出任中都宰，再历任司空、大司寇、摄相等职。曾经陪鲁定公参加与齐国的夹谷之会，收回被齐国侵占的郓、灌、龟阴三处边邑。随后"堕三都"，但是堕毁了费邑与郈邑，最后毁成邑失败，不得不离开鲁国。（4）55—68岁，周游列国。他带领弟子们寻求能实现政治理想的平台，颠沛流离，表现了坚定的信仰。（5）69岁时回到鲁国。他继续从事教学，系统整理了《诗》《书》等典籍，特别重视《春秋》。73岁逝世，葬于鲁国城北泗水之上。

《论语》记录的是孔子及其弟子等人的思想言行。从《论语》的内容构成来看，大约形成于春秋末至战国初。《论语》的编纂者当为孔门弟子的弟子，具体哪几位，说法不一。最早言及"论语"一词意义的是《汉书·艺文志》，认为"《论语》者，孔子应答弟子时人及弟子相与言而接闻于夫子之语也。当时弟子各有所记，夫子既卒，门人相与辑而论纂，故谓之'论语'"。"辑而论纂"是编辑整理的意思。但是后人有不同的认识，影响大的观点有两种：一种认为指讨论的语录，另一种认为是有条理论述的话。

一

要进入《论语》的世界，首先该注意它的形式问题。《论语》的思想，是通过语录体形式来表达的。

语录体以章句为单位，语录之间可能有意义关联，但是表达上不讲究逻辑关系。分为两类：（1）一般的语录体。语录是经过概括提炼的，语录意义就在句义中，句义构成全部的语录意义。而且对所有人都有意义，是普遍性的。例如扬雄的《法言》。（2）原始的语录体。基本上是按照原始状态记录的，原本只对于语录涉及的对象有意义。就是我们在理解其原本意义时，需要把语录句义与语录涉及的对象、语录产生的场境结合起来。语录意义由语录的内容与形式共同构成，不能只看句义内容。

《论语》的绝大多数语录是原始形成并记录保存下来的，属于原始的语录体。在《论语》中，出现的人物不是典型创造，也不是寓言寄托，而是那个时代实际存在过的。那些话语，大多是在某一个具体场境中说的，说的人与说的对象一起构成经验活动。在它的背后，是具体的事件。例如孔子斥责宰予"朽木不可雕也，粪土之墙不可杇也"，是针对那一次"昼寝"（《公冶长》）的事件。斥责冉有"非吾徒也"，是因为其佐助季氏搞税制改革，"聚敛而附益之"（《先进》）。

根据杨伯峻《论语译注》的语录分章来统计：《论语》五百一十二章语录，有事迹的四十五章，有特定对象或一定语境的二百〇四章，没有记录语境或特定对象的二百六十三章。后者的大多数，应该是记录者、编纂者省略或忽略了。其原本也应该针对某人或某事而言，当时在场者都知道，不妨省略。他们没想到，这样对于后人理解原本意义造成了困难。

另外，还得注意著作形成过程中的问题。可以肯定的是，《论语》的编纂经过了多人之手。《论语》中多处出现"曾子""有子"，既尊称"子"，表明曾子和有子的弟子参与过。"曾子"和"有子"都是孔子的学生，说明《论语》中除了孔子的思想，还有孔子弟子们的认识。而且《论语》的编纂工作很可能是前后补续，不曾协作整理过。从全书看，二十篇没有专题考虑，缺乏有机安排。语录还出现重复的情况，如"不在其位，不谋其政"，在《泰伯》篇和《宪问》篇都有。这表明编纂时相当程度上保留了语录的原始状态。

原始语录体和多人参与编纂，是《论语》著作的形式特征。据此可以走进《论语》的大门。

二

由此进入，可以看到《论语》的思想原本有两个特征：（1）特定性；（2）流变性。

特定性是指语录原本是对特定对象说的，对特定对象产生意义；我们不能以为每个人读了都会有教益，不能作普遍性来理解。要理解这些语录的原本意义，应该落实到语录所及的具体对象和事件中。

例如对于宰予、冉有的斥责，肯定只是在某一场合针对某一问题而发，并非一般性的概述或结论，否则我们不能理解他俩何以又被列入"十哲"（《先进》）中。"子在川上曰：逝者如斯夫！不舍昼夜"（《子罕》），原本也只是孔子某一时刻在河边"叹人年往去"（皇侃《论语义疏》），并非一生都如此悲观。

有一些语录的句义，在现在看来是真理性的，也不能忽略其原本是特定性的。例如《为政》："子曰：'由！诲女知之乎！知之为知之，不知为不知，是知也。'""知之为知之，不知为不知"，是为学、为人的基本态度，肯定有普遍意义。但是，其原来是说"由！诲女知之乎"，是针对子路的性格问题，为了他个人发展的需要。如朱熹说的，"子路好勇，盖有强其所不知以为知者，故夫子告之曰：我教女以知之之道乎"（《论语集注》）。

李贽说《论语》"有为而发，不过因病发药，随时处方"（《焚书·童心说》），就是这个意思。

学人的诸多歧义，其实是没有注意到语录意义的特定性造成的。例如《学而》"无友不如己者"，其应该是对某一场合的某一事件或某对象而言，原本有具体的针对性。后人误以为是普遍性、绝对性的告诫，就难以自圆其说；因为教育本身需要与"不如己者"相友好。一些学者在训诂上下功夫，例如陈天祥把"如"字注为"似"（《四书辨疑》），黄式三把"如"释为"类"（《论语后案》），也不能周全。凡是与自己不相似的，或不是同类的，都不宜做朋友：这怎么说也道理不足。

那么，这些特定意义的语录，一般的阅读者怎样来学习接受呢？那要看阅读者当时的经验需要是什么，是否与那条语录的特定意义同一类的。若是同一类的，就是可接受的，有收益的。若不是同一类的，那条语录的特定意义就只是一种知识，记在心里，以后有类似经历时才接受。例如《里仁》"父母在，不远游。游必有方"，应该是对于父母生活需要照顾的人说的，否则那么多弟子跟着他学习，甚至周游列国，就不好解释了。如此，阅读者若父母需要照顾，这条语录就给他指导意义。若父母身体健康，兄弟姐妹多，那么记得这条语录而已，不能去践行。再如《为政》"五十而知天命"，到退休年龄的人会有深切的感受。若是年轻人，"三十而立"（《为政》）才与他们的经验相关，更有意义。

读那些意义特定性的著作，都得注意"类"和"宜"的问题。那意义与经验需要是同一"类"的，才是"宜"的，有用的。不注意"类"，以为都是普遍性的、绝对性的，那是错误的。若运用到人生和政治实践中，会造成灾难。

现代以来，很多学人把特定性的意义作普遍性理解，而且据此建立思想体系。这样的语录阐释，提出的某个理论观点，当然可能有时代意义，但是脱离了文本也是显然的。

三

第二点流变性，指《论语》思想不是静态的，孔门弟子对于孔子思想有宣传阐述，也有歧出。孔门是一个学派，有思想的流变。所谓的矛盾，很可能是学派思想的发展。

孔门学派以"内圣外王"为目标，就是在修养方面追求圣人境界，在政治方面追求实现王道。后来的孟子和荀子，分别着重从"内圣"和"外王"两条路线发展。在《论语》中，孔门弟子已经朝着这两个方向作阐述。

往"内圣"方向的阐述。例如《里仁》篇记："子曰：'参乎！吾道一以贯之。'曾子曰：'唯。'子出，门人问曰：'何谓也？'曾子曰：'夫子之道，忠恕而已矣。'""忠"和"恕"着重于内在的修养，孔子"一以贯之"的追求是否落实在修养层面上？这大可怀疑。孔子一生的理想是"复礼"，实现礼乐政治，而"忠恕"只是践行时所需要的素养。曾子这样解释，显然是"内圣"一路的认识。

往"外王"方向的阐述。例如《学而》篇记："有子曰：'其为人也孝弟而好犯上者，鲜矣。不好犯上而好作乱者，未之有也。君子务本，本立而道生。'"就是说，孝道最基本的表现是尊敬和服从，一个人在家里习惯于尊敬和服从，在社会上做事也总是尊敬和服从上级的；由此就不会作乱，社会能长治久安。这是"外王"一路的发展。孔子对于"孝"的贡献，是指出了"孝"要有"敬"的内质，孝道与政治相统一。但是孝道与政治何以统一，孝道何以为政治之本，有子说得更明白。

另外，还有转折和歧出。在孔门弟子中，已经有战国墨、道、法诸家思想的因子。

墨家的思想因子。例如子夏说"四海之内，皆兄弟也"（《颜渊》），就超越了血缘关系的规定性，与墨子的"爱人若爱其身"（《兼爱上》）相近。宰我对三年守丧之礼提出异议，认为"三年之丧，期已久矣"（《阳货》），可谓是墨子"节葬"思想的先导。

道家的思想因子。例如曾皙说："莫春者，春服既成，冠者五六人，童子六七人，浴乎沂，风乎舞雩，咏而归。"（《先进》）表达了适乎本性、顺乎自然的人生观，近乎庄子所倡导的。

法家的思想因子。例如子路说："千乘之国，摄乎大国之间，加之以师旅，因之以饥馑；由也为之，以及三年，可使有勇，且知方也。"（《先进》）强调军事活动对于国家政治的重要性，崇尚战争这种暴力的手段，明显有法家的策略和精神。

另外，子贡"存鲁、乱齐、破吴、强晋而霸越"（《史记·仲尼弟子列传》）的外交，可谓是战国纵横家的榜样。樊迟"请学稼""请学为圃"（《子路》）的要求，也与战国的农家思想联系得上。

这些是在读《论语》时不应忽略的。事实上，孔子弟子中，子路、冉有特别进取，也特别有功利理性，再转进一步，就是法家了。宰我考虑平民的生活需要，与墨家思想相近。曾皙、原宪则追求个人的生命意义，享受自然，俨然有道家风尚。孔门弟子的阐释发展，是孔孟、孔荀之间的思想过渡，也已经有战国时期百家争鸣的萌芽。

因此，我们把握了表达形式的特定性和流变性，才能读懂《论语》本旨。

四

作为个人的阅读，可以点点滴滴，有体会就好。但是要深入地学习，还需要把握核心，有系统性的认识。也就是，还应该从特定性的背后寻找一般性，根据流变性的疏述来建构体系。

这种寻找和建构，当然也是见仁见智的。关于《论语》语录背后的思想核心，似乎"敬"与"和"都合理。"敬"是从个人修养方面说，"和"是从社会政治要求上讲，就是"内圣""外王"两个方向的不同。寻找语录背后的核心思想，从这两个方向进入，就有不同的核心、不同的思想体系。

从《论语》本旨和当代社会需要上看，似乎该选择"和"。"和"是和睦、和谐，是个人之间、个人与社会以及自然相处关系的准则，也是社会国家的根本要求。《论语》中那些请教应答以及关于教诲、批判的语录，背后都有一个"和"的本旨。为什么斥责冉有"非吾徒也"？是因为其佐助季氏"聚敛"（《先进》），目的在于"利"，背离了"和"的社会理想。为什么重视"仁"和"中庸"？也是因为"仁"的行为能促进"和"，"中庸"的表现达到了"和"的境界。同理，弟子们有关"四海之内皆兄弟也"（《颜渊》）的说法，以及税制、礼制方面的改革，也是从社会发展需要出发对于"和"的再认识。

假如认为语录特定性意义的背后是一个"敬"，也很可以解释。"敬"是一切行为的内在准则，那些褒扬的、旨在提倡的语录，肯定合乎"敬"；相反的，肯定不合乎"敬"。从思想史看，孔子继承"礼"，又加以改造。"礼"原本就有敬畏天神的内质，孔子作了抽象继承，以"敬"为人生实践的本质存在，也是自然的。

很多学人以"仁"为"礼"的核心，为《论语》思想的特质，这作为现代性的阐释也有不周。在古代，家（家族）是社会的基本单位，个人基本生活在血缘关系的圈子里，强调血缘亲爱的"仁"合乎需要。但是，在现代社会，经济和社会基础都发生了质变，绝大多数人走出了家（家族）的关系领域，由此血缘近疏关系带来的"仁"的等差的规定性，与以个体为本位、平等互爱的公民道德产生了隔膜。

出于现代性转化的考虑，也需要透过"仁"的层面寻觅更本质的存在。强调"敬"与"和"为"礼""仁"的内质，就容易消解这个现代性困惑。在"礼""仁"的系统内，以"敬"作为个人践行的本质所在，以"和"作为社会政治的根本要求，那么《论语》思想足以与现代需要相统一。在现代社会里，人的活动领域更广阔，人际关系更复杂，但是其目的还在于人与人，以及各阶层、各组织之际的"和"。而"敬"，永远是个人践行的根本。

<h2 style="text-align:center">五</h2>

上述的是从语录形式进入的阅读方式。与此不同，传统的阅读习惯大多就句义来体会和认识，这当然也是有意义的。只要有体会，有收获，就是有益的阅读。主要有三种方式：

（1）训诂的方式。注释考订，疏通句义。这可以提供可读的文本，方便后学理解句章意义。清代学人在这方面的贡献最大。

（2）理论的方式。一般借鉴西方学术规范和研究方法，界定《论语》的思想观念，建构形而上的体系。现代以来的学界基本上走的是这条路线。

（3）体悟的方式。其不执着于文本的原始旨意，着重从个人的当下需要出发，寻觅启迪人生的智慧。许多学者不认同这种方式，以为其误读太多，曲解了本意。其实思想史往往建立在误读的基础上，只要其具有切实的当代性意义。而且这种阅读方式也提醒我们，《论语》是一部经典，经典必具有当代性的意义，可以随着时代的变迁不断地再阐释；否则，它只是文献了。当前体悟方式的问题在于其所阐述的，许多并不合乎时代的根本性需要。

这三种释读方式的意义都不能低估，但是缺失也很明显：训诂方式不重视意义的系统构架，理论方式忽略诸子著作形式的特殊性，体悟方式则往往误读文本的旨意。

能否吸收训诂、理论和体悟的长处，又避免其中的局限？这也是可能的。我们可以先落实文本理解其本旨，再抽象提升其意义作理论性的阐述，再联系当代社会认识其意义。这可以称为"释读的方式"。

例如读《子罕》："拜下，礼也，今拜乎上，泰也。虽违众，吾从下。"（1）先理解"拜下"的原义。"拜下"即"拜于下"，是与君行礼。"拜于下"就是在进门的台阶下拜。当时没有下水道，房屋建在平台上，进屋门必先要上台阶，因此在门外拜就是台阶下拜。（2）理解了原义后再作抽象，可认识到这是拜访人家的礼仪，表示对拜访对象的尊重。所以孔子说"拜乎上，泰也"，"泰"是骄纵、傲慢的意思。由此，把"敬"放到人生论中去认识，做理论性的建构。（3）由这个抽象义，联系当代社会缺失礼仪修养、相互尊重不足的问题，那么这条语录的当下意义就呈现出来。

另外，释读的方式还总是努力使语录更具有普遍意义，更具有经典性。可以在把握一般性意义后，超越其特定语境，赋予其现代价值。

例如《学而》篇："曾子曰：'吾日三省吾身：为人谋而不忠乎？与朋友交而不信乎？传不习乎？'"朱熹解释"三"为三个方面。从曾子当时既问学于孔子、有诸多同学，又在外谋事的身份看，这个解释当合乎本旨。但是这样的解释也损弱了意义的普遍性，因为更多的人不会同时具备这三方面的身份。已经"为人谋"了，一般不会考虑"传不习"的问题。如此，就把"三

省"理解为多次自我反省。这样强调了人生活动中省思的重要
性，又不违背"敬"的抽象意义，而且更具有普遍价值。

六

这样就语录句义加以分析，提炼重点，构成系统，自然也是
很有价值的研究法。现代以来的学界主流就是这一路向的，影响
大的有"仁"核心说、"礼"核心说、"中庸"核心说、"实践
理性"说。无疑，这些观点都有现实的合理性，以各自观点为核
心构建成的体系也自圆其说。不过，屏蔽他们的核心观点之争，
其实都要求把握"礼""仁""敬""和"四个关节点：

（一）"礼"是孔子思想的基础。作为政治范畴时与"政"
相通，核心是"德"。因此孔子说："为政以德。"（《为
政》）所谓"德政"，是要求君王充分考虑平民的物质利益，表
达了民本主义的思想。因为那个时代，君王大多无道，故而孔子
屡屡加以斥责。许多人认为孔子的政治思想不切合实际，过于理
想化，这实在是一种误解。细读《论语》，我们可看到具有现实
理性的政略。例如《子路》篇记："子适卫，冉有仆。子曰：
'庶矣哉！'冉有曰：'既庶矣，又何加焉？'曰：'富之。'
曰：'既富矣，又何加焉？'曰：'教之。'"先增加人口，再
发展经济，再进行文化教育，"庶""富""教"三个步骤的政
策非常理性。今天我们只是变增加人口为引进人才，求人口质量
而已，其他依然。

"礼"作为伦理范畴，精神是一个"约"字。"约"是节
制、约制的意思，要求克制个人过分的欲望，遵守社会规范。其
中最重要的是父子之间的血缘关系，故而对"孝"特别重视。
"孝"的重点是"无违"，而且视死如生。

（二）"仁"是孔子思想的重点。孔子继承"礼"后有所损益，贡献主要在普及方面，而"仁"则是孔子的思想创造。"仁"的特质是对于他人的关爱，重点有二：（1）是"恕"，就是爱一个人，首先得理解他言行的合理性，尊重他的选择，将心比心；即使他有了过错，也应该宽恕原谅。（2）是"别"，即爱的对象因为血缘关系的近疏而有等差。

"仁"的发现，使"礼"具有了合理性和必然性。从"礼"与"仁"的关系上看，"礼"是形式，"仁"是内质。没有"礼"的形式，"仁"的思想感情无从表现；没有"仁"的内核，"礼"也徒有其表，对于社会没有积极意义了。

（三）"敬"是孔子思想的关键。具备了"仁"，"礼"才是有价值的。那么，如何做到"仁"呢？孔子认为必须"敬"。"敬"表面上看是一种待人接物的态度，一种内在的心理状态，实质上是个人认识到生命的有限性以后的结果。"敬"原本是人对神、臣民对君王的关系要求，孔子把它扩展为普通人为人做事的基本原则，使之"礼"表"敬"内。所以说："敬事而信。"（《学而》）"执事敬。"（《子路》）

而且，蕴含在"礼"之中的"仁"也以"敬"为本。许多学人认为，"仁"是"礼"的内核，因此以"仁"为核心建构思想体系。其实，"仁"之中必有"敬"的精神。没有发自内心的"敬"，就没有真切的仁爱之情。例如，作为"仁"重要构成的"孝"就必须要"敬"。《为政》篇说："今之孝者，是谓能养。至于犬马，皆能有养；不敬，何以别乎？"因此，认识"礼"和"仁"的思想，应该透彻到"敬"这一点上。

（四）"和"是孔子的思想目的。孔子强调"仁"基于"敬"之上，其旨意则在使"礼"既保持等差性，又达到相互和谐的圆满境界。对此，孔子有政治上的规划，也有个人修养上的要求。因此说："礼之用，和为贵。先王之道斯为美，小大由之。有所不行，知和而和，不以礼节之，亦不可行也。"（《学而》）其意思是，礼的实践效果怎么样，看它有没有使社会成员和睦相处；因为相互之间的和谐是先王传下来的道理，是最高的境界，最为重要，我们做大大小小的事都应该遵循它。当然，这种和睦是建立在规范秩序之上，并非毫无原则。这条语录说明，孔子倡导"礼"，目的是所有社会成员都能和谐相处，从而国泰民安。

从"和"这个目标出发，孔子有一系列的政治规划。这些规划构成了"礼"的诸多特定性要求。例如，《颜渊》篇记："齐景公问政于孔子。孔子对曰：'君君，臣臣，父父，子子。'公曰：'善哉！信如君不君，臣不臣，父不父，子不子，虽有粟，吾得而食诸？'"理解这章语录，不能受齐景公的影响，以为孔子是考虑他的"得而食"问题。孔子的意思是，无论君臣父子，都要讲规范，君王要像君王的样子，大臣要像大臣的样，父亲要像父亲的样子，儿子要像儿子的样子。而且，讲规范首先要从君王开始。君王首先要像君王，假如这一点都做不到，下文也就无从谈起。《子路》篇还记："叶公问政。子曰：'近者悦，远者来。'"孔子不回答具体的政治策略、手段等问题，仅告之使境内人欢愉、境外人来投奔就可以了。这显然在描述政治昌盛的局面，其中的气氛正是一派祥和。

概之，由"礼"入手，深入体会到"仁"和"敬"的精神，再把握"和"的宗旨，可谓是对《论语》思想的系统认识。当然，这里忽略了语录体的形式要求，是解释学意义上的理论建构。

七

要实现"和"的社会局面，个人修养是不可缺少的。一种观点以为，孔子思想的重点在个人修养领域，那是大错。孔子关心的是政治问题，政治人物要有修养，所以《论语》对政治人物讲修养论。那些弟子，要培养他们参与社会政治，也就提出这样的修养要求。修养的境界高低不一，《论语》分为三个层次：

（一）最高层次称为"圣人"。圣人不但道德圆满，而且政治辉煌。他一定有政治地位，而且在这个地位上完成了不朽的历史功绩，例如上古的尧、舜、大禹。所以圣人一定是圣王。孔子说自己不是圣人，是自谦，也是客观。

（二）其次称为"仁人"。仁人的道德修养圆满，大公无私，甘于为社会、国家牺牲个人利益。但是，他没有政治地位，往往能引导历史的方向，却不能在现实中发挥最大的作用。《里仁》"朝闻道，夕死可矣"，《卫灵公》"志士仁人，无求生以害仁，有杀身以成仁"，揭示的是这一境界。

（三）再次则是"君子"。君子是有道德信仰、也有现实理性的人。他知道做人应该有价值观，有精神上的追求，但是也考虑到现实的可能性，不做无谓的牺牲。孔子曾说："直哉史鱼！邦有道，如矢；邦无道，如矢。君子哉蘧伯玉！邦有道，则仕；邦无道，则可卷而怀之。"（《卫灵公》）这里，史鱼是仁人志士，蘧伯玉是君子。从仁人志士的角度讲，国家政治黑暗，更应该挺身而出，勇于牺牲，否则黑暗如何可以消除；但是君子明哲保身，隐居避难。

低于君子的就是小人了，故君子属于做人的基本品质。其也最有社会普及意义。君子外表文雅，讲究礼仪，重视礼尚往来，而且遵循道德规范。可以推知，有了如此的修养，社会和谐也就水到渠成。很多年以来，要求每一个人都向革命领袖和烈士学习，即学习做圣人和仁人志士，这样的道德标准，显然太高了。要求做到，实际上做不到，结果必然是造假泛滥，全社会道德沦陷。

讲到个人修养，不能忽略"中庸"。一些学者认为"中庸"是孔子的核心思想，这是以为孔子的思想重点在人生论范畴内，似有不周。但"中庸"是个人修养的最高境界是无疑的。"中庸"是一种适中、平常的原则，它要求人们待人接物时不走极端，始终保持平常心态，从而达到与他人的和谐相处。"中庸"是一种价值坚守，并非"乡愿"一样毫无原则，做老好人。显然，个人做到了"中庸"，全社会的"和"也就达到了。

八

现存的通行本近十六万字，分为二十篇。篇题都取自篇首语，并无意义。各篇都由短章组合而成，为结构松散的语录体，基本上没有专题。大略如下：

《学而》十六章，以论学为主，也论述修身、处世、为政之道。

《为政》二十四章，主要论述为政、为学和修养等问题。

《八佾》二十六章，着重论述礼乐问题。

《里仁》二十六章，以论仁为主，涉及道德修养的各个方面。

《公冶长》二十八章（《集注》分为二十七章），主要评论弟子和古今人物的道德才能。

《雍也》三十章，主要对弟子等人的品评，表达了哲学观、历史观和文艺观。

《述而》三十八章，以讨论为学、教育和修养等问题为主。

《泰伯》二十一章，主要论述古代圣贤的道德成就。另较多记载了弟子曾参关于修养的言行。

《子罕》三十一章，以论学为主，也涉及道德修养和信仰问题。

《乡党》十七章，集中反映了孔子践履礼仪的言行表现。

《先进》二十四章，以评论颜渊、子路等弟子为主，反映了孔子的教学方法。

《颜渊》二十四章，以论仁为主，较为重要。也涉及为政和修养问题。

《子路》三十章，以论政为主，也谈修养问题。

《宪问》四十四章，论述为政、为学、修养等问题，评价若干历史人物。

《卫灵公》四十二章，主要论述君子修养，以及为政、为学的问题。

《季氏》十四章，涉及为政、为学和修养诸多问题。

《阳货》二十六章（《集解》分二十四章），涉及为政、为学、礼乐、天命和修养等问题。

《微子》十一章，主要记述了孔子与时人的交流，及其对时人的评价。

《子张》二十五章，记载子张、子夏、子游、曾子、子贡五位弟子的言语，表现了对孔子的敬仰之情，涉及为学、修养等问题，

《尧曰》三章，论述为政和修养的问题。

有的学者把《论语》分为《上论》《下论》，《上论》前十篇，《下论》后十篇，以为《上论》是第一编，《下论》是后来编入的。蒋伯潜《经学纂要》怀疑《论语》的前十篇是初编，其后九篇是续编，末篇《尧曰》又是后来学者收集所闻附加上去的。清代学者崔述的《洙泗考信录》还认为前十五篇才基本可靠。这些都是一家之言。不过，从内容上看，前十五篇确实更有价值，更值得重视。

上述可知，《论语》的思想内容很丰富，但是记述零散，编纂没有规范。梁启超《要籍解题及其读法》概括为八个方面：（1）关于个人人格修养之教训；（2）关于社会伦理之教训；（3）政治谈；（4）哲理谈；（5）对于门弟子及时人因人施教（注重个性的）的问答；（6）对于门弟子及古人时人之批评；（7）自述语；（8）孔子日常行事及门人诵美孔子之语（映入门弟子眼中之孔子人格）。这只是说我们可以从这八个方面去学习领会，并非各章内容可以做这样的划分。因为很多章原本就可能既是"政治谈"，又是"哲理谈"，甚或还是"自述语"。若是加上不同阅读者的个人理解，那分类的异议更大。

九

《论语》的本子，在汉初有《鲁论语》《齐论语》《古文论语》三种，简称《鲁论》《齐论》《古论》。西汉末年，安昌侯张禹以《鲁论》为本，吸纳《齐论》的若干内容，形成了《张侯论》。张禹是汉成帝的师傅，地位很高，因此这个本子被儒生所尊奉。后汉灵帝时所刻的《熹平石经》，就是用的《张侯论》。

到了东汉末年，郑玄又以《张侯论》为底本，参照《古论》，撰成《论语注》。这个本子完成了《论语》的整理与定稿工作。

现代人读《论语》，一般先选择杨伯峻《论语译注》。另外，钱穆《论语新解》、李零《丧家狗：我读〈论语〉》，都是好读本。

若进一步研究，宜读朱熹《论语集注》、黄式三《论语后案》、程树德《论语集释》、杨树达《论语疏证》、钱穆《孔子传》等。

另外，赵纪彬《论语新探》，古棣、戚文、周英《孔子批判》，陈大齐《论语臆解》，李泽厚《论语今读》，牛泽群《论语札记》，［日］白川静《孔子》，［日］松川健二《论语思想史》，［美］安乐哲、罗思文《〈论语〉的哲学诠释：比较哲学的视域》，［美］赫伯特·芬格莱特《孔子：即凡而圣》，［美］郝大维、安乐哲《孔子哲学思微》，以及中国孔子基金会编《〈孔子研究〉精华》等，都卓有见识。

《孙子兵法》

　　孙武（约前545—前470），字长卿。一般认为他是齐国乐安（今山东广饶）人，另有惠民（今滨州市内）、临淄（今淄博市内）等说法。孙武是春秋时期著名的军事家，被尊称为"兵圣"。《史记·孙子列传》记载：他以《兵法》十三篇获得吴王阖闾的重用，担任了吴国的将军。曾经与伍子胥一起率领吴军与楚国交战，五战五捷，攻入郢都，在诸侯中威名远扬。但是这段记载中练兵斩美姬的描写太有文学色彩，《左传》中也未见孙武的名字，故而从南宋的叶适以后多有怀疑。冯友兰、钱穆等甚至认为《孙子兵法》的作者是战国时期的孙膑。但是，1972年山东临沂银雀山汉墓同时出土了《孙子兵法》和《孙膑兵法》两部著作，证明在春秋后期有孙武其人是可信的。

　　《孙子兵法》是孙子学派的著作，现存十三篇。据现有史料，我们不能否定孙武创造性的军事思想奠定了这部著作的基础；后来的补入编缀，只是对孙武军事思想的阐述和发挥。一般认为，这部著作初成于春秋末期的吴国，结集成书则在战国初期的齐国，大体定型后仍有增益删改。

一

《孙子兵法》是一部对"将"讲作战原则和方法的著作。要读懂这部著作，首先得理解"将"的所指。

《孙子兵法》的"将"出现四十八处，除了作副词、动词的十四处，其他处应该分别解释为"统帅"或"将军"。这个分别，从《计篇》就可知道。《计篇》说："故经之以五，校之以计，而索其情：一曰道，二曰天，三曰地，四曰将，五曰法。……凡此五者，将莫不闻。""五者"中的"将"，是直接指挥作战的将军；那么"将莫不闻"的"将"，无疑为考虑国家军事战略的统帅。有的学者认为"将莫不闻"的"将"作副词，这在语法上讲得通，但是少了主语，补上去的也该是统帅级别的"将"。

统帅决定国家的军事战略，将军在战场上指挥作战，因此对统帅讲的属于战略思想，对将军讲的属于战术原则。十三篇中，前四篇对统帅而言，中间八篇对将军而言，末篇对统帅和将军都有关。这是读懂《孙子兵法》本旨的关键。

《计篇》讲军事活动对于政治的重要性，以及军事活动本身的特殊性；《作战篇》讲到军事活动与经济的关系；《谋攻篇》讲战略原则，特别指出军事活动与外交的关系；《形篇》讲国防战备的重要性。这些是战略思想，是统帅必须全面考虑的。

《势篇》讲战场上的组织和指挥问题；《虚实篇》讲要掌握战场的主动性，战术上以实击虚；《军争篇》讲作战中争取先机；《九变篇》讲作战要有灵活性；《行军篇》讲作战时要随时处置整饬，判断敌情；《地形篇》讲六种军事地形和六类兵败的原因；《九地篇》讲利用军事地形，注意战场保密；《火攻篇》

讲五种类型的火攻。这些都是战术原则，是将军必须重视、能实践运用的。

另外，《用间篇》对统帅和将军讲间谍工作的意义。通过间谍获得情报，对于统帅作战略决定和将军的作战指挥都至关重要。

春秋时代，战争的形式并不复杂，决定战略者也往往亲自指挥作战。例如《左传·庄公十年》的齐鲁长勺之战，决定迎战与否的是鲁庄公和曹刿，在战场上指挥作战、运用战术的也是他们俩。因此《孙子兵法》把"统帅"和"将军"都称为"将"，没有区别开来。但是，两者的意义有别是很明显的。后代的战争规模扩大，统帅和将军就各有明确的职责和权力。

二

理解"将"有"统帅"和"将军"两个意义，就能领会《孙子兵法》的本旨。"前言"说过，战国中期之前的诸子著作大多是对于特定对象的表达。《孙子兵法》就是典例，它是对特定对象说的，不能以为对所有人都有指导意义。与《论语》的个别的特定性不同，《孙子兵法》对不同职位的人而言，属于类别的特定性。

也就是说，《孙子兵法》分别对统帅和将军这两个类别的对象讲军事问题。它不是笼统地、一般性地讲，更不是对士兵讲的。前四篇讲的，对统帅才有指导意义，作为将军，了解就可以了。中间八篇讲的，对将军才有指导意义，不是对统帅的要求。那些作战地形、行军驻扎之类的问题，统帅当然不需要考虑。

假如统帅把中间八篇所说的作为指导原则，那就会有灾难。例如《势篇》讲"以奇胜"，是要求将军在指挥作战时出其不意，创造性地调度部队，制敌取胜。作为名将，必有"以奇胜"的战例。但是，假如统帅在考虑国家军事战略时，不注重政治、经济、外交、国防等问题，以为出奇是最重要的，出奇就能制胜，那就违背了《孙子兵法》的教导。第二次世界大战中，日军偷袭珍珠港，从纯战术讲，可谓经典。但是从战略的角度讲，它没有对美国的经济、外交等能力有准确的估计，注定了其失败命运的加速。

"奇"只是战术原则，在战略思想中是被否定的。在银雀山汉墓出土的竹简本中，《形篇》有"故善战者之胜也，无奇胜"一句，明确要求战略思想尽可能避免"奇"的冒险性、偶然性。《十一家注孙子》以后略掉了"无奇胜"，但是依然有"胜兵先胜而后求战"等告诫，意思也一样。笔者怀疑，后来的通行本略掉《形篇》的"无奇胜"，是以为它与《势篇》的"以奇胜"相矛盾。这样的话，则是没有注意到《孙子兵法》表达的特定性而造成的。

同样，假如将军以为前四篇可作为在战场上指挥作战的原则，悲剧也不可避免。例如《谋攻篇》说："不若则能避之。"这是国家的战略原则。对于统帅来说，若发现继续作战会亡军亡国，就可以命令逃避，甚至投降也是合理的选择。但是，对于具体作战的将军，即使战死，整支部队覆灭，也不可逃跑，不可能根据敌我力量对比自行改变作战行动。他需要的是"焚舟破釜""投之亡地"（《九地》）的精神和方式。

前人大多重视《孙子兵法》的"诡"。例如高似孙《子略》说："武则一切战国驰骋战争、夺谋逞诈之术耳。"（卷三）这从思想特质和影响方面讲是对的，但是以为《孙子兵法》的思想可以用一个"诡"来归纳，那就有以偏概全的问题。"诡"仅是对于将军而言的战术原则，而统帅的战略思想还讲到"道"。《计篇》提出"主孰有道"的重要性，《形篇》明确说："善用兵者，修道而保法，故能为胜败之政。"这个"道"是合乎社会历史要求的政治经济思想，与孔子"民信之矣"（《论语·颜渊》）、孟子"天时不如地利，地利不如人和"（《孟子·公孙丑下》）的思想相似。

三

在《孙子兵法》中，有一些属于春秋早期的作战原则，更多的为战国以后的军事经验。因此可看到，从春秋至战国早期，军事学有了质的发展。

春秋中期以前，战争行为基本上还在"周礼"的统摄下，遵守规范，堂堂正正，"犹尊礼重信"，"宗周王"（《日知录·周末风俗》）。《军礼司马法》："古者逐奔不过百步，纵绥不过三舍，是以明其礼也。……成列而鼓，是以明其信也；争义不争利，是以明其义也。"是这种军事规范的记录。《左传·僖公二十二年》"不以阻隘""不鼓不成列"的军事观点，也表明对"周礼"的尊重。桓公五年，郑伯打败周王的军队，部将请求追击，郑伯说："君子不欲多上人。"即是一例。

《孙子兵法》中也有这样的军事思想。例如《军争篇》："归师勿遏，围师遗阙，穷寇勿迫。"就是说：对正在向本土撤退的敌人不要去阻截，对被包围的敌军必须留出缺口，对于陷入绝境的敌人不要过分逼迫。这显然与《军礼司马法》所述一样。现代一些学者不理解这是春秋早期军事思想的留存，就不得其解。

《军争篇》还引用"《军政》曰：'言不相闻，故为金鼓；

视不相见，故为旌旗。'"，解释道："夫金鼓旌旗者，所以一人之耳目也。"意思是：金鼓、旌旗，是用来统一士兵的视听，统一作战行动的。这也是继承了春秋早期的军事经验。

至春秋后期、战国初，军事思想发生了质的变化。概之，从讲"周礼"，发展到了讲"诡道"。《计篇》说："兵者，诡道也。故能而示之不能，用而示之不用，近而示之远，远而示之近；利而诱之，乱而取之，……攻其无备，出其不意。"就是说，作战要讲诡诈的原则。有能力而假装没有能力，能用兵但是表现为不用兵，欲攻打近处却假装要攻打远处，欲攻打远处却假装要攻打近处。设置利益来引诱敌人，扰乱敌阵以取得利益，……要攻打对方没有防备的地方，在敌人意料不到的时间、地点出兵。《虚实篇》的以实击虚，《军争篇》的争取先机，《九变篇》的灵活作战，《火攻篇》的五种火攻等，都是"诡道"原则下的战术要求。

再如，关于军事地形的认识。《地形篇》讲到"通形""挂形""支形""隘形""险形""远形"六种作战地形，没有沼泽湖泊地形（可谓"泽形"）。大概当时不具备在沼泽湖泊地形作战的条件，就不列入。而《行军篇》讲四种作战地形，在"处山之军""处平陆之军"外，有"处水上之军""处斥泽之军"。有关"处水上之军"告诫道：渡过江河后，必须离开河流驻扎，敌军渡河来战，不要在江河中迎击，而要等到它一半部队渡过时再攻击，这样更有利；要想与敌军决战，不要在岸边配置军队迎击敌军；在江河地带扎营，也要居高向阳，不要处在水的下流。有关"处斥泽之军"告诫道：通过盐碱沼泽地带，要急速离开，不能停留；如果同敌军相遇于这一地带，那就必须靠近有水草的地方而且背靠树林。这样具体不烦，应该是后来作战地域扩大才有的认识，显然为军事地形学的发展。

另外，《九地篇》"故其城可拔，其国可隳"，讲到城市攻防战。《火攻篇》"故以火佐攻者明，以水佐攻者强"，指出用火来辅助军队进攻效果明显，用水来辅助军队进攻威力强大。这些也应该是到了战国才有的军事认识。

从这些变化可知，《孙子兵法》是孙子学派的集子，其军事思想也是有发展的。

<h2 style="text-align:center">四</h2>

关于《孙子兵法》的研究自然以军事学为本。深入认识下去，可发现其中蕴含着深刻的理性精神。现代以来，不少社会人士用以指导商业、管理等领域的工作，拓展了它的价值，极有意义。

理性精神是一种从实践出发，不断认识错误、改正错误的态度。它基于经验之上，以"利"为核心，是一种功利理性。

这个"利"支配着"道"和"诡"的实践。战略上考虑政治、外交、经济条件，是为了避免战败，确保"利"的实现。战术上讲"虚实""奇正""军争"，重视地形和间谍工作，也是为了谋求最大可能的"利"。即使"穷寇勿迫"，也是从春秋战争中追歼"穷寇"往往不能得"利"，还损失"义"这一角度考虑的。

要注意的是，说《孙子兵法》的核心是"利"，并非因为十三篇中有许多强调"利"的章句，如"以利动"（《军争篇》），"合于利而动，不合于利而止"（《九地篇》《火攻》），"非利不动"（《火攻》）等；而是在所有章句的背后都有一个"利"，"利"支配所有的军事考虑和行动。

这种功利理性，有两个方面的特征：（1）是指导实践的，非常简明有用；（2）不注重理论系统性，只从实用需要出发。

例如"不贵久"和"争"的认识。"不贵久"指战略上要求速胜。"久则钝兵挫锐，攻城则力屈，久暴师则国用不足。"（《作战篇》）意思是：军队作战要求速胜，假如拖得很久则必然疲惫，挫失锐气，攻城时则兵力耗尽，长期在外作战还导致国家财用不足。"争"指战术上的争先、抢先，《军争篇》阐述的就是战术中的时间要求。这较之小农业生产的依顺自然、早期战争的"不违时"（《司马法·仁本》），无疑有质的发展，是指导实践的理性表现。

但是，它不讲究理论系统。例如《地形篇》讲到"通形"等六种作战地形，只是对常见的特殊地域作战而言。其实在平原地形（可谓"易形"）上作战的次数最多，从系统要求讲，应该列进去介绍。但是大概平原地形的攻防战术已经为将军熟知，就略掉了。显然，它是针对指挥作战的需要说的，想解决当时的实践问题。

大家知道，经验理性并非纯粹理性。在纯粹理性中，表达的逻辑性和系统性是必然的要求。而在经验理性中，往往是从当时的特定需要出发把握问题，加以认识，这些问题的内涵和外延可以交叉。例如《九地篇》的"争地"与"死地"，从逻辑的角度讲，不是并列的概念。"争地"是要争先占领的要地，"死地"是可能被围歼的地形，"争地"可能也是"死地"，所谓"疾战则存，不疾战则亡者"。如何判定呢？从当时战场上的形势出发，若抢先占领能获得歼敌的主动权，那么称它为"争地"；若抢先占领后能避免被围歼，则它属于"死地"。这从逻辑的要求讲显然不周。但是，这样的认识和表达抓住了战场上的关键问题，对于将军指挥作战是有效的指导。

按传统的观点，纯粹理性较之经验理性更具有一般性，更有价值。但是，从个人经验活动的需要讲，经验理性提供可以借鉴的"案例"，更有直接的指导性，更加简明有效。经验理性有局限性，但是个人的经验活动都是特殊性的活动，都在局限性的范畴内，因此只要是相关的经验理性，就足以指导实践活动。《孙子兵法》在那些需要高度计划和算计的领域里特别受到重视，正是基于这种经验理性的特性。

五

不少学者认为，《孙子兵法》有朴素的辩证法思想。这样的概括抽象也合乎认识发展的规律，是很有意义的。

从《孙子兵法》中，可以概括出大量对立统一的概念。例如军队的众寡、强弱、勇怯，作战的胜负、远近、全破、生死，地理的迂直、高下、险易、远近、广狭，时间的久速、寒暑，战术的奇正、虚实、动静、攻守、进退等。都是相对存在，组合在一起。

两者是可以转化的。"强"可能变成"弱"，"弱"可能发展成"强"。"奇"会转为"正"，"正"会成为"奇"。所以《势篇》说："乱生于治，怯生于勇，弱生于强。""生"是生发、产生，就是转化的表现。《虚实篇》说"兵无常势，水无常形"，更指出了对立双方的转化是一种常态，是世界的本质存在。

在这种转化中，个人的主观能动性和经验能力起着决定性的作用。《军争篇》说"以迂为直，以患为利"，就是说运用策略可以争取主动，使形势朝有利于自己的一方转化。《九地篇》说

"投之亡地然后存，陷之死地然后生"，也是强调主体在实践中发挥重要作用。

强调主观能动性和经验能力，是功利理性的特征。这是《孙子兵法》的积极意义所在，也是它只属于辩证法思想的朴素阶段的原因。因为它没有超越现实层面，没有走向形而上。

当然，《孙子兵法》的功利理性建立在全面、长远认识的基础上，是比较健全的。对统帅讲"道"，对将军讲"军争为利，军争为危"（《军争篇》），讲各种作战势态和地形、各类间谍，都是客观性、健全性的表现。大家知道，理性假如缺乏客观性、健全性，就很可能趋向片面和极端，有违实践理性的精神。

那些认为《孙子兵法》只是讲"兵者，诡道也"，就是没有认识到其理性的精髓，是误读了。

《孙子兵法》的思想内涵非常深刻，若更进一步地认识，还可以发现，这种功利理性的精神还是汉民族的文化基质之一。

汉民族的文化活动，是从"祀与戎"（《左传·成公十三年》）两个方面展开的。"祀"是祭祀的活动，蕴含着信仰的素质；"戎"是军事活动，特别要求功利理性。这两种文化精神分别在《论语》和《孙子兵法》中得到了总结和光大。其后被战国诸子择取化合，以《论语》为代表的孔子儒家开启了孟子心学和荀子礼学，以《孙子兵法》为代表的春秋兵学直接影响了《老子》和《韩非子》。而墨家从生活理性出发批判孔子思想，法家以兵家理性改造儒家传统，名家也吸收了兵学的认识方法。可以说，《孙子兵法》与《论语》提供了汉民族的文化基质，开启了波澜壮阔的诸子思潮。

人们一般认为，孔孟儒家和老庄道家是中国文化思想史上的两大源流，儒道互补。其实，在战国诸子学派形成之前，在文化精神上，已经有信仰和理性两个源头。在思想形式上，也有自下而上的经验性认识和自上而下的传统信仰两条路线。这是值得深入讨论的大问题，这里不展开了。

六

《孙子兵法》十三篇，大概的内容是：

《计篇》讲军事活动的重要性、特殊性，以及决定战争胜负的根本因素，都是有关国家安危的战略决策。其中强调将军在前线指挥作战尤其重要，还提出"兵者，诡道也"的观点，揭示了军事活动的特性。

《作战篇》讲军事活动需要经济支持，战争拼的是经济基础，因此以速胜为上。还提出了在敌国获取粮食和军事装备，并改造俘虏为兵员的策略。

《谋攻篇》讲"上兵伐谋，其次伐交""十则围之，五则攻之，倍则分之，敌则能战之，少则能逃之，不若则能避之"等战略原则。还强调国君不能干扰将军的指挥作战，提出了"不战而屈人之兵""知己知彼，百战不殆"的著名观点。

《形篇》讲国防战备的重要性。强调战备必须有国家政治、经济的基础，指出先要建立敌军攻破不了的防御力量，然后等待出兵攻击的时机。

《势篇》讲军队组织指挥的问题，指出要根据战场的需要分配、组合部队，随机调度，创造出压倒性的战场优势。这篇提出了"奇正""虚实"的战术原则，蕴含朴素的辩证法思想。

《虚实篇》讲作战掌握主动性，隐蔽自己，调动敌人并以实击虚的战术原则。其中"致人而不致于人""兵无常势"的观点尤其被后代兵家所重视。

《军争篇》主要讲作战中争取先机的问题。指出在军事行动中争取先机最难，而且存在着危险性。后半篇讲军队的通讯指挥和与敌作战的注意点，特别告诫要随机处置、小心谨慎。这里"军争为利，军争为危""兵以诈立"的观点，尤见其认识的全面和透彻。

《九变篇》主要讲灵活作战的问题。指出将军一定要冷静、理性，否则会有灾难；提出"君命有所不受"的观点，强调对特殊问题作特殊性认识，卓越不凡。

《行军篇》讲部队处置、管理整饬和敌情判断的问题。其中多为当时战场经验的总结，已经不适应现代战争的需要，但是表现出来的经验理性依然值得重视。

《地形篇》主要讲六种军事地形和六类兵败的原因。后半篇似为缀入，但是讲到将军素质的重要性，对于前文的"君命有所不受""知己知彼"等观点有所发展。

《九地篇》内容杂合，但讲的都是战术要点。其中关于九种军事地形的认识尤有价值。另外，有关愚兵思想涉及战场保密和士兵心理等问题，并非错误。

《火攻篇》主要讲火攻的五种类型和战术要点。末章缀入，强调慎战。

《用间篇》讲间谍工作的重要性，介绍了五种类型的间谍。其中特别重视"反间"，要求策反敌方的间谍为我所用。

七

《孙子兵法》在战国时期已经广为流传。《韩非子·五蠹》称："境内皆言兵，藏孙、吴之书者家有之。"汉成帝时，任宏整理兵书，有"《吴孙子兵法》八十二篇，图九卷。《齐孙子》

八十九篇，图四卷"（《汉书·艺文志》）。"吴孙子"就是孙武，"齐孙子"则是孙膑。

现存最早注释《孙子兵法》的是曹操，已为十三篇。至宋代，形成了《武经》与《宋本十一家注》两个注释系统，流传至今。

现代人要了解《孙子兵法》，郭化若的《孙子译注》和吴九龙主编的《孙子校释》是比较好的读本。另外，李零《兵以诈立：我读〈孙子〉》、张涅《孙子兵法讲读》，也可选。

若要深入研究，银雀山汉墓竹简《孙子兵法》、曹操等《十一家注孙子》、钮先钟《孙子三论：从古兵法到新战略》、李零《孙子十三篇综合研究》、何炳棣《有关〈孙子〉〈老子〉的三篇考证》都很重要。

《墨子》

墨子，名翟（dí），约生活在春秋晚期至战国初期。相传原为宋国人，做过宋国大夫，后来居住在鲁国。他是战国时期著名的思想家、政治家和技术专家，墨家学派的创始人。墨家在先秦时期影响很大，与儒家并称"显学"。墨子死后，墨家分为相里氏、相夫氏、邓陵氏三派。

《墨子》是墨家学派的著作。原有七十一篇，现存五十三篇。其中有墨子的思想，也有墨子后学的思想，涉及社会政治和数学、物理学、逻辑学等领域，在近现代影响极大。

一

一般认为，《墨子》由三部分合成：（1）墨子自著；（2）门徒所记的墨子言行事迹；（3）后学的著述。按梁启超、冯友兰等的认识，内容可分为五组：

（一）《亲士》《修身》《所染》《法仪》《七患》《辞过》《三辨》一组，共七篇。这组的思想内容比较混杂。例如，"修身"为儒家所重视，"法仪"近乎法家言，《亲士》"太盛难守"又属于道家语。这组应该是吸收了其他各家学说后的思想表达，为战国后期墨子后学的著作。可能秦汉以后，杂家发达，编纂者赞同这种杂合的思想，把它放在了前面。

（二）《尚贤》《尚同》《兼爱》《非攻》《节用》《节葬》《天志》《明鬼》《非乐》《非命》《非儒》一组，原各有上、中、下篇，共三十三篇。现缺略，留存二十三篇。这一系列标题，是墨家的社会政治思想大纲。各篇多有"子墨子曰"，应该是门弟子记录下来的。其中的思想内容，细细辨别，可见门弟子的参与，可寻觅墨子学派思想的流变轨迹。

（三）《经上》《经下》《经说上》《经说下》《大取》《小取》一组，共六篇，一般称作《墨辩》或《墨经》。这组着重阐述了墨家的认识论和逻辑思想，包含天文学、几何学、光学、力学等科学技术方面的知识。而且，对于各家思想多有吸收和批判，表现出综合的态度。由此可知，定稿当在战国后期。其中的逻辑思想，又称为"后期墨家逻辑"，或"墨辩逻辑"，与古希腊的逻辑体系、佛教中的因明学，并列为古代世界三大逻辑体系之一。

（四）《耕柱》《贵义》《公孟》《鲁问》《公输》一组，共五篇。这组记载了墨子的言行事迹，故事性强，较为具体生动。应该为墨子弟子所记，是研究墨子生平和思想的重要资料。

（五）《备城门》《备高临》《备梯》《备水》《备突》《备穴》《备蛾傅》《迎敌祠》《旗帜》《号令》《集守》一组，原有二十篇，现留存十一篇。有学者称为"墨守"。这组讲的是守城兵法，介绍了守城的装备和战术要点，内容极为丰富，几乎涵盖了冷兵器时代所有攻城和防御的方式手段。城市攻防在战国后期才普遍化，各篇文字又有不少西汉时期通行的术语，所以可能在汉初才完成。

二

从《尚贤》一组看，墨子的原创思想是针对着孔子思想而来的。所以读《墨子》，要随时与孔子思想作对应和比较，否则把握不了墨子思想的特质和价值。

关于这一点，《淮南子·要略》说得很清楚："墨子学儒者之业，受孔子之术，以为其礼烦扰而不说，厚葬靡财而贫民，〔久〕服丧生而害事，故背周道而用夏政。""周道"是周公建立、孔子继承发扬的礼乐制度。"夏政"指夏朝的政治，传说中由大禹开始，讲禅让、勤政和朴素生活。墨子以为，"周道"很浪费，"夏政"简朴有公益，所以批判"周道"，提倡"夏政"。他的一系列观点，都是对孔子思想的批判。

例如"兼爱"说。墨子认为，孔子的"仁爱"说从血缘关系出发，爱有等差，客观上造成了"爱"的自私，致使众人争夺资源，导致社会动乱。而要解决这个问题，必须提倡"天下兼相爱"的观念。这个"兼爱"，讲爱无等差，就是针对着"仁爱"说。

墨子还认为，讲礼乐形式，必然会铺张浪费，所以又提出"节用""非乐""节葬"的观点。他指出：人民生活疾苦，"饥者不得食，寒者不得衣，劳者不得息"；而君主、贵族依然享受"大钟、鸣鼓、琴瑟、竽笙之声"（《非乐中》），过着骄奢淫逸的糜烂生活。这里"非乐"的"乐"，是享乐的意思。提到的音乐艺术，是享乐的形式。墨子否定的重点不在音乐艺术，而是奢侈享乐的生活方式。《非乐》篇的主旨也是"节用"。

"仁爱"思想强调血缘关系的重要性，选拔人才自然以它为上。对此，墨子提出了"尚贤"说，反对君主用骨肉之亲；认为"官无常贵而民无终贱"（《尚贤上》），对于贤者要不拘出身，推选他们担任官吏，管理国家。

另外，孔子肯定正义战争，墨子则提出"非攻"说，认为所有的战争都给人民带来灾难，都是没有道义的，应该禁止。孔子重视现实层面的社会活动，很少讲"性与天道"（《公冶长》），还说："敬鬼神而远之，可谓知矣。"（《雍也》）墨子则提出"天志"说，认为这是"知小而不知大也"（《天志上》）；还提出"明鬼"说，批评"不明乎鬼神之能赏贤而罚暴也"（《明鬼上》）。

这些足以说明，墨子的观点确实是针对着孔子思想提出来的。

这就指示我们，理解墨子思想，应该把它与孔子思想联系起来。假如单看墨子思想，会觉得很片面，仅仅是从平民立场出发的一厢情愿。如"兼爱"说，忽视血缘关系的重要性，显然没有抓住社会伦理、政治的关键。如"非攻"说，一概否定战争，经不起历史和理性的考量。（他的后学，已经发现了这个问题，做了一些修正。下面介说。）但是，与孔子思想联系起来，就看出其纠正时弊的价值。两者结合，思想也更系统周全。所以从本质上说，墨子的原创思想只是对孔子思想的修补。韩愈说："孔子必用墨子，墨子必用孔子。"（《读墨子》）该是这个道理。

当然，墨子这些言论也是说给君王、贵族听的，要他们认识到孔子儒家理论的缺陷，做出修正。从十一个标题看，也可知对他们才有意义。

三

另外该注意，《墨子》是墨家学派的著作，墨子后学对于墨子的思想有诸多发展。一般讲《墨子》，往往只重视墨子原创的若干观点。从抓特点、抓重点的角度出发，这不乏合理性。但是以此涵盖整个墨子学派的思想，显然不够周全。

墨子后学的思想发展，主要在政治思想、科技逻辑、军事防御三个方向。

政治思想的发展，最典型的在《尚贤》一组内。这一组，每篇分上、中、下，一般认为是墨子三派弟子的记录，大同小异。其实不该这样简单化处理。仔细阅读，可知其中有的是墨子的思想著作，有的则是后学加进了理解发挥。

至少《兼爱上》《非攻上》《节用上》三篇，应该属于墨子的早期思想著作。这三篇语言表述风格不同于其他篇。例如，其他篇开首都是"子墨子言曰"，唯独这三篇没有。这三篇用设问和反问句式贯穿全篇，结构严谨，其他篇没有这个特征。这三篇的字数也明显少于其他篇，多用单音节字，语言古朴。

我们把这三篇与同组的其他篇做比较，还能发现其中的思想差异。这种差异，应该就是思想流变的轨迹。

例如《兼爱上》，提出"兼相爱"的观点，没有由此推出"交相利"，最后的结论只是"禁恶而劝爱"。而中下篇，在"兼相爱"后提出"交相利"的观点。《天志上》《非命上》《节葬下》等也重复强调两者的必然联系，《非攻下》等篇的"其上中天之利，而中中鬼之利，而下中人之利"，也是对"交相利"的简明阐述。从"兼相爱"推出"交相利"，强调爱不只是人伦感情上的需要，相互还有利益上的好处，是对墨子早期思想的发展无疑。

另外，这三篇思想与儒家矛盾，其他篇有所交汇。例如，《兼爱上》只讲"圣人"，中下篇讲"仁人"，"仁"是孔子儒家的重要术语。《非攻上》一律否定战争，下篇则肯定"诛"，与儒家肯定"武王伐纣"（《孟子·梁惠王下》）的观点基本一致。《节用上》只讲"使民用财也，无不加用而为者"，下篇则提到"宫墙之高足以别男女之礼"，考虑到儒家礼制的合理意义。这三篇没有出现"忠"字，《兼爱上》说到"君臣父子皆能孝慈"，也没有"忠"。而其他篇出现次数颇多，如《兼爱中》《明鬼下》"惠忠"，《兼爱下》《非攻中》"忠臣"，《节用中》"忠信相连"，《尚贤下》"忠信之士"。"孝慈"是平民生活中相互关系的认识要求，而"忠"是事君王社稷，是儒家的核心概念之一。一字之增，表明思想的吸收融通。这些都表明，墨家学派的思想是流变的。

假如以这三篇为墨子原创思想著作的坐标，还能发现更多思想流变的轨迹。

《亲士》一组就兼有儒、道、墨等思想。例如《亲士》"故曰'太盛难守'也"，是道家物极必反的思想。《修身》"见毁而反之身者也"，是儒家的修养之道。这一组著作，很可能是墨子后学以墨为本，吸收了儒、道等思想，加以交融的结果。有的学者推测是墨子早期还没有创立墨家学派时的成果，这也有可能。但是无论哪一种，这组与《兼爱上》三篇相比，有变化的轨迹是显然的。

《墨经》一组也是这样。例如《经上》，除了"义，利也"的墨家思想表达，还讲到"仁，体爱也""礼，敬也"，是儒家思想的概述。讲到"坚白，不相外也"，是对《公孙龙子》的批判。讲到"法，所若而然也""法异，则观其宜"，解释了法家思想。这组与《兼爱上》三篇纯粹的墨家思想比较，也明显有发展。

四

科技逻辑方面的思想，集中在《墨经》六篇中。

《经上》《经下》是否有墨子的语录，这很难判断。但是从上述批判总结战国各家思想的语录看，应该是在战国后期定稿的。另外，从"知狗，而自谓不知犬，过也"（《经下》）这类对"辩者""二十一事"（《庄子·天下》）的批评看，也可证明有后学的认识。因为在《庄子·天下》篇中，"辩者"在墨子的后面。至于《经说上》《经说下》，"说"是后学的解释，当没有异议。《大取》《小取》，也归纳总结战国各家的思想。

《墨经》的逻辑思想相当发达，之前应该有早期阶段的表达。在《墨子》中寻找，最明显的是"三表法"。

"三表法"在《非命上》篇，原文是："有本之者，有原之者，有用之者。于何本之？上本之于古者圣王之事。于何原之？下原察百姓耳目之实。于何用之？废以为刑政，观其中国家百姓人民之利。此所谓言有三表也。""本之"，是遵循历史的经验和规律。"原之"，是从现实出发。"用之"，是强调实践的功用效果。这在当时很了不起。大家知道，20世纪后期讨论"实践是检验真理的唯一标准"，还只是强调现实实践一个方面，不如它全面。但是，从逻辑的角度看，其只是走到了大门前。

而《墨经》六篇，已经相当深入地讨论逻辑问题了。《经上》讲"生，刑（形）与知处也"，认为人的生命由外在的"形"与内在的"知"（即理性认识）共同构成，这是与亚里士多德"求知是人类的本性"①一样的认识。还指出"知"有"闻、说、亲"三种，强调知识有传授来的、推测来的、亲自观察来的，实质上是认为每个人都生活在认识的世界里。

还有概念性、系统性方面的建设。《小取》"以名举实"，"名"已经是概念性的。所以许多有明确的定义，例如"平，同高也"（《经上》），是对平面几何中平行线的定义，与近代数学的表述相近。《墨经》还对诸多概念作了分类认识。例如，把"名"分为"达、类、私"（《经上》）三种："达"是普遍性的概念，"类"是类别性的概念，"私"是个别性的概念。

《墨经》还全面阐述了"辞"的指称意义，把"辞"分为"合""假""尽""或""必""且"等，包括了直言、假言，全称、特称，必然、可能等命题。对于"辩"的形式要求也有具体介述。《经说上》说："小故，有之不必然，无之必不然。""大故，有之必无然。"这里的"故"是论证的条件，"小故"相当于必要条件，"大故"相当于充分必要条件。而且，以"说"的方式"立辞"。在《经下》诸条有"说在……"的表达，简要标出理由或例证，又在《经说下》解释。这样，《墨经》就有"名""辞""说"三种思维和表达形式，相当于西方传统逻辑中的概念、判断、推理。

《墨经》对于逻辑的基本规律也有比较明确的论述。《经说下》"彼彼止于彼，此此止于此，彼此不可"，就认为"彼"只能指"彼"，"此"只能指"此"，"彼""此"不能既指"彼"，又指"此"：这揭示了同一律的基本内容。再如"不俱当，必或不当"，就是不能同真，必有一假，这相当于矛盾律的

---

① 亚里士多德：《形而上学》，吴寿彭译，商务印书馆1959年版，第1页。

内容。显然，从《非命上》到《墨经》，逻辑思想的发展是很卓越的。

该特别注意的是，《墨经》的逻辑思想，是在批判《公孙龙子》等的名学观点的基础上建立起来的。《公孙龙子》讲"白马非马"，《墨经》则指出"白马，马也"（《小取》）。《公孙龙子》讲"坚白石二"，《墨经》则指出"坚白相盈"（《经说下》）。这也说明，《墨经》的逻辑思想与《公孙龙子》相对立，两者有不同的认识方式。这在"《公孙龙子》"中再介说。

另外，关于科技知识，《墨经》中也有大量介绍。其中有关于数学、力学、光学等方面的科学认识，使近代人刮目相看。例如关于数学，解决了一些平面几何的问题。关于光学，讨论了平面镜、凹面镜、球面镜成像的一些情况，尤其说明光线通过针孔能形成倒像的原理。这些都是墨子后学的发展无疑。

五

墨子后学还继承了"非攻"思想，在城市防御方面有专门的著述。《备城门》以下十一篇，就介绍这个内容。

这十一篇可分为两组：（1）总论性的。叙述防御作战的军事法规、指挥信号、后勤制度，以及战术、战具装备等。有《备城门》《旗帜》《迎敌祠》《号令》《杂守》五篇。（2）专论性的，专论守城战术。有《备高临》《备梯》《备水》《备突》《备穴》《备蛾傅》六篇。

其中针对各种攻城方法，有整体性的防御策略考虑。设计了三条防线，构成纵向防御：（1）利用郊外地形。在各种交通要道上，修筑起工事。其中要塞地方，以三角形态筑三个瞭望亭，可以互相支援。（2）利用护城河。城门外设置一个悬门，长二丈、宽八尺，能拉起放下。悬门外挖一条壕沟，深一丈五尺，宽相当于悬门长。敌人攻城时，就把悬门拉起。护城河中插上竹箭，长短相杂，比水面低五寸以上。（3）利用城墙。修筑加固城墙、城门，配备足够的部队，和各种守城器械。为了防止敌人火攻，在城门上涂上泥巴，门闩用铁片或铜片包起来，准备好灭火的器具。

六种具体的守城战术：《备高临》讲对付积土成高山、居高临下的攻城，《备梯》讲针对用云梯攻城，《备水》讲防御以水攻城，《备突》讲阻击敌人从城门攻城，《备穴》讲防备挖隧道攻破城墙，《备蛾傅》讲对付敌人的人海战术。"蛾傅"，即蚁伏，指步兵蜂拥而上、强攻登城。

这些战术设计，反映了墨家积极防御的思想。兵家的原则是：消灭敌人，才能保存自己。墨家的防御作战，对此也有明确的认识。《号令》说："凡守城者以亟伤敌为上。其延日持久以待救之至，不明守者也。"这句话就指出：守城的一方，以迅速歼灭敌人为上策。那些拖延持久、等待援兵的策略，是不懂得守城的方法。

《备梯》《备蛾傅》篇，讲到敌人用云梯、蚂蚁般攻城时，要用弩射、技机、沙、灰土等消灭敌人，要不断地投掷悬火。敌人撤退时，就命令敢死队出穴门追击；勇士和主将听到城里的鼓声也一并出击，消灭敌人。这些都是积极防御的表现。

这里，还可见墨家对于军事工程、武器装备的重视，可见其防御思想的严谨和体系的缜密。在先秦兵学著作中，此别具一格，对于中国古代军事思想影响很大。

六

由上述可知，在《墨子》中，墨子学派的思想是流变的。许多学者认为墨子提出了"兼爱""节用""非攻""尚同"等观点，这只是就它的思想特质和历史影响而言，严格说来，不能包括整部《墨子》的思想。例如"非攻"，上面已说过，墨子后学并非这样绝对认为，他们也肯定正义战争的必要性。

同样，说墨子有逻辑思想，也只是约定俗成的说法，其实是墨子后学才发展出来的。

若要讲整部《墨子》的思想特质，那只能从流变的过程中去寻找，从各个时期思想和实践的背后去寻找。这个特质是什么呢？应该是义利并重。《兼爱中下》《非命》《耕柱》等篇说道："兼相爱，交相利。"《墨经》也多处说："义，利也。"都是在概述这个特质。

我们看墨家学派各个时期的思想，都一以贯之，没有脱离这个核心。墨家提倡的"兼爱"说，就是既讲互相关爱这个"义"，又强调其中都有"利"。《尚贤》一组各篇，结尾多有"上欲中圣王之道，下欲中国家百姓之利"之类的告诫，"圣王之道"是一种"义"，与"百姓之利"相统一，旨义很明确。墨子后学肯定正义战争，积极地防御作战，并且往科技文明方向努力，也是基于"义""利"统一的考虑。

当然，这种"义利"观是从平民立场出发，对儒家思想的批判。大家知道，孔子儒家所言说的对象大多是贵族，和准备参与政治管理的士人。所关心的，不是物质上的问题，所以着重讲"义"。到孟子那里，还强调"义利之辨"，认为讲"利"的是品质不好的，是"小人"。而平民需要基本的生活保障，从平民视角出发，自然重视"利"的问题。当时民生疾苦，墨子切身感受到儒家"礼烦扰""贫民""害事"，才在倡导价值观的同时，强调物质生存的要求。荀子斥责其为"役夫之道"（《王霸》），正是就此而言。

由此可概括墨家的思想特质：（1）平民立场；（2）义利并重。前者是认识的出发点和目标所在，后者是思想理论的核心。这使墨家有道德信仰，又有生活理性，在先秦诸子中别具一格，有独特的思想价值。

另外，该特别重视的是，这种生活理性与《孙子兵法》的军事理性不同。军事理性建立在战争领域之上，重视敌我双方的对立关系，以及控制和反控制的手段。而生活理性，建立在日常经验的基础上，要求人与人之间互助互利，和谐共处。军事理性培育了极度地算计利害关系的心理和行为习惯，生活理性则发展为考虑物质需要、要求安定、爱好和平的民族精神。

一般来说，生活的理性更有普遍的实践意义，更值得重视。每个人都需要道德信仰和生活理性，《墨子》把两者统一起来了，这特别有价值。

七

一些学者认为，《墨子》有思想矛盾。例如《非命上》批判"命富则富，命贫则贫"的说法，《明鬼下》又"信鬼神"。前者经验理性，后者迷信，不能统一起来。还有不少学者争论《墨子》的思想核心是"兼爱"还是"天志"。其实，我们理解了墨家思想背后的生活理性，这样的矛盾是很好解释的。

生活理性是从生活的需要出发考虑问题；凡是合乎生活需要的，都是有利的，都应该提倡。就这个问题来说，"非命"是

"欲国家之富，人民之众，刑政之治"（《非命上》），"信鬼神"也"能赏贤而罚暴"（《明鬼下》），两者都有"义"有"利"，就都要肯定。从本质上说，两者的功用是一样的。

至于核心问题，"兼爱"和"天志"都不是。不是由"兼爱"推出"天志"，也不是"天志"指导着"兼爱"。两者都只是解决某种经验问题的思路，各自独立，落实在生活的轨道上。

这种生活理性很有普遍意义。因为对于个人来说，实践是经验，信奉鬼神也是经验；"兼爱"是一种认识，"天志"也是一种认识。它们出现在不同的时段，可以连续起来。每一个人，有不同的生活需要，有时候需要经验理性，有时候需要迷信。可以在应该"兼爱"的时候兼爱他人，在需要"天志"的时候相信"天志"；在个人经验涉及的领域内遵循经验，在个人经验无法涉及时则奉从信仰。《墨子》的"非命""明鬼"，以及"兼爱""天志"，所昭示的都是日常的生活原则和方式。

这已经有实用主义的倾向了。

实用主义是20世纪上半叶在美国发展起来的哲学思潮。它反对传统形成的权威，排斥纯粹形而上意义的讨论，要求从个人的经验和需求出发考虑问题，以效果作为衡量行为价值的准则。它强调个人经验活动和物质利益的意义，承认价值多元。它的思想方式，由下而上，由个别到一般，也与传统的不同。

对应着看，《墨子》确实有一些实用主义的表现：（1）批判儒家传统，如墨子的同时代人程子说的，"甚矣，先生之毁儒也"（《公孟》）。（2）把"利"提高到核心地位。（3）强调经验实践，"身必行之"（《公孟》），"各从事其所能"（《非命下》）。这些与实用主义的反传统、重物质利益、重经验实践很相近。

但是我们得明白，这只是有实用主义的倾向而已，并非真正形成了思想体系。墨家基于平民的立场，表现为由下而上的思想方式，但是并没有落实到平民个体身上。所阐述的"人"，是类概念，并非经验性的个人。例如《兼爱下》"万民衣食之所以足也"，"万民"是概括性的。《非攻下》"其上中天之利，而中中鬼之利，而下中人之利"，"人"与"天""鬼"一样是抽象的。而且，没有认识到价值的多元性，在批判"仁爱"观时，并没有批判"仁爱"观所要求的一元性；只是出于不同的立场，换一个认识的角度，以"兼爱"取代"仁爱"而已，价值观还是一元的。

这一点不能忽略。一些学者认为，墨家思想较之儒家思想更具有现代意义，这从某些具体观点看是能成立的。但是得注意：墨家在批判儒家时，思想原则和方式是一样的。这就是说，在本质上，孔、墨是一个时代的。

八

汉以后，墨家在政治和学术的大舞台上，几乎销声匿迹了。

其中的原因，有的认为是战国后期保卫和平，骨干牺牲殆尽了；有的认为是汉代独尊儒术以后被打压造成的。这些可能都有，但是属于外因，不是根本性的。根本的是，墨家的社会政治思想，不适应小农业社会的政治需要。小农业社会以家庭为基本单位，家庭主要由血缘关系构成，所以讲血缘亲爱的"仁"占据了主舞台。不讲血缘关系的"义"（"兼爱"），只能作为儒家思想的补充。而汉代独尊儒术时，已经把它的那部分吸收进去了。

不过，在民间社会，墨家的观念依然流行。"四海之内皆兄弟"一语，就是众人通晓的对"义"（"兼爱"）的解释。《三国演义》的"桃园三结义"，《水浒传》的"聚义厅"，核心都是一个"义"字。关公被尊为"关圣帝君"，视为武神、财神，也因为有"义"。"义"和"忠""孝"一起，构成民间社会最一般的价值观。

到了清以后，因为西方科技文明的冲击，《墨经》受到特别重视。俞樾曾说过："近世西学中，光学重学，或言皆出于墨子。然则其'备梯''备突''备穴'诸法，或即泰西机器之权舆乎。嗟乎，今天下一大战国也，以孟子反本一言为主，而以墨子之书辅之，傥足以安内而攘外乎！"（《墨子间诂序》）就是说，《孟子》能解决精神文明的问题，《墨经》能促进物质文明。这当然是士人迂阔的想法。不过，《墨子》中确实有一些观念，可作为现代社会的思想资源。

例如"兼爱"的观念，随着工业文明和信息化时代的到来，已经被主流社会所接受。因为家族社会开始消亡，城镇化规模越来越大，市民成了社会的基本成员。他们以职业的类别建立行业协会，以不同的爱好组成俱乐部，非血缘关系的形式与墨家团体相似。而且，相互之间需要建立和谐的关系，其中的原则也可以由"兼爱"蜕变而成。20世纪后期，曾流行"我爱人人，人人爱我"的口号，可谓"兼爱"的通俗解释。"义工"的社会化，也是"兼爱"观念的当代实践。

再如"义利"的观念。"义利"有两层意义：（1）关于人与人的关系，属于伦理思想。就是"兼相爱，交相利"，既要求社会成员都有利益，又建立在道德情感之上，强调道德情感和功利的统一性。（2）对统治者的要求，属于政治思想。例如"诸加费不加于民利者，圣王弗为"（《节用下》）。它强调政治中的经济基础功能，要求保障平民的生存权。两者都值得当代去批判吸收。现在奉行的改革开放政策，不妨理解为朝着这个方向。

还有一些学者，企图从《墨子》的"天志""明鬼"中挖掘出宗教思想，倡导上帝崇拜，以改善国民素质。不论其可行性如何，也可谓墨学现代化的努力。

九

《墨子》一书，《汉书·艺文志》著录有"七十一篇"。《隋书·经籍志》《旧唐书·经籍志》《新唐书·艺文志》《宋史·艺文志》都为"十五卷"。现代所传的《墨子》，是明代正统十年（1445年），张宇初奉敕将《墨子》刻入《道藏》留传下来的。

若要了解墨子的基本思想，可选严灵峰《墨子简编》、王焕镳《墨子校释》、〔日〕浅野裕一《墨子读本》。通读全本，孙中原《墨子解读》、李渔叔《墨子今注今译》皆可。

若要深入研究，该读孙诒让《墨子间诂》、方授楚《墨学源流》、陈柱《墨学十论》、栾调甫《墨子研究论文集》、吴毓江《墨子校注》、蔡仁厚《墨家哲学》、谭宇权《墨子思想评论》、郑杰文《中国墨学通史》等著作。

若对《墨经》和《备城门》感兴趣，谭戒甫《墨辩发微》、高亨《墨经校诠》、杨俊光《墨经研究》、岑仲勉《墨子城守各篇简注》等都可参考。

《老子》

　　老子，姓李，名耳，字聃（dān）。一说字伯阳，谥号聃。大约生活在春秋后期，楚国苦县（今河南鹿邑）厉乡曲仁里人。厉乡就是赖乡，是古赖国的所在地。另一种说法，以为苦县在安徽省的涡阳。他是春秋时代的思想家，先秦道家学派的创始人，后来又被唐皇武后封为太上老君。在道教中，老子是太上老君的第十八个化身，被尊为道祖。

　　老子在《史记·老子韩非列传》中有记载，但是事迹已经很不清楚。能了解的主要有三点：（1）做过周朝的"守藏室之史"。一般认为就是管理藏书的史官，相当于国家图书馆馆长。（2）孔子曾向他问过"礼"的问题。（3）他退隐出函谷关时，受关尹的请求，著述了《老子》一书。

　　通行本《老子》八十一章，分上、下篇。上篇第一章记"道可道，非常道"，下篇开首第三十八章记"上德不德"，所以又名《道德经》。在《韩非子》中称《周书》，《吕氏春秋》"注"称为《上至经》。到了汉代，开始直呼《老子》。汉景帝以为《老子》义理深刻，由"子"改为"经"。

一

读《老子》，首先该知道，那些章句都是对某一特定类别的对象说的。你属于这一类的，那相应的章句就对你的生活和工作有指导意义。若不是这一类的，读了以后只是一种知识的记存。遵循其意勉力去做，结果可能还恰得其反。当然，误读获得的体会是另外意义的事。

与《论语》相比，《老子》的思想内容更抽象，没有关于特定对象和语境的记述，对象都是潜在的。大略可分为三类：（1）士；（2）侯王；（3）圣人。

关于"士"对象的，主要有关于人生修养的原则和方法。例如第二十章："俗人昭昭，我独昏昏；俗人察察，我独闷闷。""昏昏"是无为的状态，"闷闷"意敦厚宽宏，显然是讲士人的修养之道，是士人特有的精神品格。假若读者属于"侯王""圣人"类的，就对不上号。

对"侯王"的告诫是有关政治的原则和策略。例如第三十六章："将欲歙之，必固张之。……邦之利器，不可以示人。"讲有关的统治手段要隐蔽进行，这对于"士"和"圣人"全无意义。另外还有批判性的，如第五十三章斥责统治者"是谓盗夸，非道也哉"。"盗夸"指没有道德却取得富贵的人，更明显是对政治人物而言。

"圣人"是"士"与"侯王"的结合体，是能够根据天道把握人生意义、实践理想政治的人。"圣人"意义的名称还有"得道者""有道者""上士"等。这些名称的不统一，也说明通行本《老子》属于补缀而成的。其中描述形而上"道"的章句都可划归这一类，因为它的对象只能是"圣人"。因此说："上士闻道，勤而行之；中士闻道，若存若亡；下士闻道，大笑之，不笑不足以为道。"（第四十一章）对"圣人"才有讲"道"的必要。

类对象总是有边沿性的，实际上的"侯王"与"圣王"的区别不会像理论表达那样分明，通行本《老子》又经过后人的编纂、窜改，所以有些章句很难确定对象。例如第四十六章："天下有道，却走马以粪；天下无道，戎马生于郊。祸莫大于不知足，咎莫大于贪得。故知足之足，常足矣。"前半部分是对"侯王"而言，后半部分也可理解为对"士"而言。楚简本、帛书本都把它分为两个独立的语段，姚鼐的《老子章义》也把它分为两章。

但是，绝大多数章句的隐蔽的对象还是可以分析出来的。大略可知：关于"士"对象的，有第十三、十五、二十、二十四、三十三、四十一、四十四、五十、七十、七十六章；关于"侯王"对象的，有第三、九、十七、十八、十九、二十六、二十九、三十、三十一、三十六、三十七、三十八、五十三、五十四、五十七、五十八、五十九、六十、六十一、六十二、六十五、六十八、六十九、七十四、七十五、八十章；其他的，有关于"圣人"对象。

二

《老子》五千言，都是人生智慧，都是精粹。以下选一些影响尤其深远的警句格言：

第一章："道可道也，非恒道也。"意思是："道"如果可以用言语来表述，那它就不是永恒的"道"了。这是讲"道"在宇宙世界的本源处，不可言说。历代认为《老子》很玄、很深刻，首先因为这一句。

第二章："有无之相生也，难易之相成也。"意思是：有和无是相互转化的，难和易是互相形成的。这是讲对立统一的认识，有朴素的辩证法思想。

第五章："天地不仁。"意思是：天地没有仁爱。这是一种客观主义的认识，否定了儒家的仁爱思想。

第八章："上善若水。"意思是：最好的就像水一样。但是"水"喻指什么？有不同说法。下节作介说。

第十八章："大道废，有仁义。"意思是：大道被废弃了，才去提倡"仁义"学说。这与儒家思想尖锐对立。

第十九章："见素抱朴，少私寡欲；绝学无忧。"意思是：保持素朴的本性，减少欲念，弃绝学问免于忧虑。这是道家人生论的表达。

第二十章："俗人昭昭，我独昏昏。俗人察察，我独闷闷。"意思是：众人光彩，唯独我迷糊；众人都严厉苛刻，唯独我敦厚宽宏。后来，这成为知识分子的自嘲和自诩之语。

第二十五章："人法地，地法天，天法道，道法自然。"意思是：人取法地，地取法天，天取法道，而道纯任自然。这是关于"天人合一"思想的表达，强调人生要自然而然。

第三十一章："夫兵者，不祥之器。"意思是：兵器是不好的东西。有反战的思想。

第三十六章："将欲废之，必固兴之；将欲取之，必固与之。"意思是：要废掉它，必先抬举它；要夺取它，必先给予它。《老子》的阴谋论，这章最明显。

第三十七章："道常无为而无不为。"意思是：道永远表现为无所作为，却又是无所不为的。"无为"是手段、方法，"无不为"是目的。这是《老子》政治论的最简明表达。

第三十八章："上德不德。"意思是：最好的道德表现是不表现出道德。这是对儒家道德论的批判，提出了道家的社会理想。

第四十章："反者道之动。"意思是：相反方向的变化，是道的运动。讲的是宇宙发展的规律，其实只是有关人生的认识。

第四十一章："大器晚成，大音希声，大象无形。"意思是：最大的器物，很晚才完成；最大的声响，听来无声无息；最大的形象，是没有形状。这是讲，最好的存在总是在世俗的认识外。

第四十二章："道生一，一生二，二生三，三生万物。"意思是：道表现为"一"的状态，"一"生发出"二"的形态，"二"生发出"三"的形态，"三"生发出世界万物。许多学者认为，"二"是"阴阳"二气，"阴阳"相交而形成万物。这是后代从"阴阳"学说出发的解释。

第五十六章："知者不言，言者不知。"意思是：明智的人，不多说话；到处说的，不是明智的人。这是说体会了"道"的境界，就处于"无"的状态，就"不言"了。有对知识论的批判。

第五十七章："以正治国，以奇用兵。"意思是：以正规的方式治理国家，以奇谋的方法去用兵作战。这是对于政治和军事的特殊性的认识，极具理性。

第五十八章："祸兮福之所倚，福兮祸之所伏。"意思是：幸福附从在灾祸之后，灾祸藏伏在幸福里面。它讲的是人生无常的道理，有生活的辩证法。

第六十章："治大国，若烹小鲜。"意思是：治理大国，好像煎烹小鱼一样。这是黄老道家"无为而治"的形象比喻。

第八十章："小国寡民。"意思是：使国家变小，使人民稀少。这是小农经济时代的社会政治理想。

第八十一章："为而不争。"意思是：做什么事都不跟别人争夺。这是道家的人生论。

三

上面的解释只是比较通行的一种而已。在历史上，有不同的理解，至少有"老韩""黄老""老庄""老君"四种读法。加上现代从哲学角度的阐述（可称之"老子"的读法），则有五种读法了。《老子》的意义，主要是由这五种读法构成的。

"老韩"的读法在战国就兴盛。《韩非子》有《解老》《喻老》篇，证明两者有思想关联。所以司马迁把他们合在一起，为《老子韩非列传》。这个读法强调《老子》讲的是"君王南面之术"（《汉书·艺文志》），是"无为而无不为"的阴谋手段。例如第六十五章"古之善为道者，非以明民，将以愚之"，"愚之"就解释为使他们愚蠢。

"黄老"的读法在汉初最发达。《史记·孝武本纪》："窦太后治黄老言。"《汲郑列传》："黯学黄老之言，治官理民好清静。"《汉书·曹参传》记："盖公为言治道贵清静而民自定。"都可证明。这个读法也从政治的角度展开，也是政治学派，但是走向另一个方向，认为"无为而治"才是正确的策略。同样是第六十五章的"愚之"，则解释为使他们敦厚朴实。

"老庄"的读法到了东汉末才盛大起来，魏晋以后成为主流性的认识。其认为所有政治都损害个人的生命意义，因此应该逃避世俗，追求精神的逍遥。这其实是庄学涵盖了老学，在""《庄子》"中再介说。

"老君"是太上老君，是道教的读法。道教内容分政教与修养两类，修养类的发挥老庄见素抱朴、坐忘守一的思想，认为个人身体健康、长生不老才是重要的，所以要服食丹药，炼气导引。魏晋以后，这种读法也很流行。

下面以第八章的"上善若水"为例，看它的不同读法：

在"老韩"看来，"水"最形象地表现了"无为而无不为"的特征。它处在最底下的位置，但可以达到最高处；是最柔弱的，但可以滴穿坚硬的石头。表面无为，其实无所不为。所以说，最好的政治策略是像水一样。第七十八章"天下莫柔弱于水，而攻坚强者莫之能胜"，就是对"上善若水"这一意义的解释。

而"黄老"以为，政治应该因循社会的需要，统治者不能主观作为，去创设制度、发号施令等等。这与"水"相似，因为"水"最合乎自然的状态，无所作为，一切顺乎自然。所以也说，最好的政治像水一样，自然无为。蒋锡昌《老子校诂》"圣人无为无事，自己渊默不动，而一任人民之自作自息也"[1]，就是这样读的。

"老庄"的读法则是，"水"纯净明澈，自由自在，成为瀑布是好的，流在山沟沟里也是好的。人的精神也应该如此，单纯地存在，一切顺乎自然。所以说，最好的生命状态是像水一样。陈鼓应以为"本章用水来比喻上德者的人格。……不和别人争功争名争利"[2]，就属于老庄方向的阐述。

---

① 蒋锡昌：《老子校诂》，商务印书馆 1937 年版，第 49 页。
② 陈鼓应：《老子注译及评价》，中华书局 1984 年版，第 91—92 页。

"老君"的读法，遵照道教养生的原则，讲该动的时候动，该静的时候静，动静结合。他们认为，"水"最具有这两种品行，流动的时候自若地流动，静态的时候平静无声。所以说，最好的养生方式是像水一样。

现代从哲学角度的阐述，是把老子作为卓越的知识分子来看待，可称为"老子"的读法。这种读法着重于"水"的本体论意义，认为"水"是"道"的表现，也就是"道"；是世界的本源，与古希腊以"水"为"始基"的观点相似。"上善若水"的意思是：最好的存在合乎"道"的表现的。

学界周知，意义是在阐释过程中发展起来并完成的，此可谓典例。

四

"老韩""黄老""老庄"的读法为士人推崇，在秦汉魏晋期间已经流行。通行本《老子》中，这三种读法也各有所本。这就可以怀疑，在通行本形成前，该有三派学者的思想参与。与其他先秦诸子著作一样，《老子》一书也是在流传的过程中不断被缀入补充而形成的。这样理解的话，章句中的意义不统一处也就好解释了，他们是后学缀入的结果。某种角度说，这也是老子学派思想流变的表现。注意到这一点，可减少阅读中的困惑。

因为《老子》语录短小，分析起来很难，但是也有蛛丝马迹可寻。也以第八章为例，通行本是："上善若水。水善利万物而不争，处众人之所恶，故几于道。居善地，心善渊，与善仁，言善信，正善治，事善能，动善时。夫唯不争，故无尤。"其中"水善利万物而不争"一句，1973年长沙马王堆出土的帛书本，甲本为"水善利万物而有静"，乙本为"水善利万物而有争"。

"静"与"争"通，意义一样。但是都是"有"，不大可能抄错。"有争"，是努力有为。这样看来，在汉初前，这一句很可能是"老韩"一派的思想。后来"黄老"一派的人，把它改为"不争"。这一章末句"夫唯不争，故无尤"，已经着重于人生修养的问题，则可能是"老庄"一派缀入补成的。

有学者把末句移到"不争"后面，为"上善若水，水善利万物而不争。夫唯不争，故无尤"。这样似乎更通顺，其实是不理解《老子》文本形式的特点。《老子》文本在记录、整理时虽然简略化了，但是依然保留着口语的特征。口语表达时，对于重点需要重复提到，以表示强调。末句"夫唯不争，故无尤"，即使不是后来的缀入，也是口语表达的实录，起到强调的效果。读《论语》《老子》这类语录体的著作，该注意其口语表达的特征。

在《老子》中，前半句属于"老韩"思想，后半句属于"黄老"或"老庄"思想的不少见，这些都可以怀疑为是流传过程中的缀入。例如第四十章："反者道之动，弱者道之用。天下万物生于有，有生于无。"前半句讲"动"和"用"，无论是相反方向还是循环回复，是微妙还是柔弱，都是主观有意识的活动，都有功利目的在里面，属于"老韩"思想无疑。但是后半句的重点在"无"，"无"指本体的空无、虚无，是本质上的不可知论，在"黄老""老庄"的思想范畴内。从逻辑上说，它否定了前半句"动"和"用"的意义。当然，也可以说是发展了前半句的思想。这种否定或发展，不妨认为是老子学派思想的流变。

再如第四十六章："天下有道，却走马以粪；天下无道，戎马生于郊。祸莫大于不知足，咎莫大于欲得。故知足之足，常足矣。"首句批判现实政治，为"老韩""黄老"思想的出发点。后面则是"老庄"人生论的阐述，"故知足之足"句，只是对

"祸莫大于不知足"句而言，与首句没有逻辑关系。编纂在一起，其实是把后人的思想缀入进去了。

上述说明，认识到老子学派思想的流变性，能更客观地理解《老子》本旨，并且理解各种读法的合理性。

五

从哲学角度的阐述，是现代以来最发达的读法。这种读法提炼中心论点，建构系统思想，沟通了中西文化，使汉民族的思维水平得以提升，意义是不能低估的。

这种读法可分为两派：（1）认为《老子》的思想核心是"道"，"术"是在"道"的观照下的方法和实践。（2）认为"术"才是《老子》思想的核心。所谓"道"，只是为了阐释"术"的实践意义的合理性、必然性而推导出来的，"道"依附于"术"而存在。

认为核心是"道"的，特别重视形而上的认识，做哲学研究的大多这样主张。他们认为："道"是宇宙世界最根本的存在，自然的存在，但是不可表达。"似万物之宗"（第四章），是说"道"像万物的祖宗。"道冲"（第四章），即存在的内质是虚无的。"冲"通盅，虚空、空虚的意思。"是谓无状之状，无象之象，是谓恍惚"（第十四章），则是说："道"是没有状态的状态，不见形象的形象，存在的形式是混沌的。而且这种存在是自然而然的，"道法自然"，"自然"就是自然而然。因此"深不可识"（第十五章），不可把握。

"道"又是发展变化的，发展到一定程度后就走向它的反面。"道生一，一生二，二生三，三生万物。"（第四十二章）"生"表明一个不断的发展过程。"反者道之动。"（第四十章）则是说：相反方向的运动变化，是"道"的规律。现代人由此认为其具有朴素的辩证法思想。确实，参读"曲则全，枉则直，洼则盈，敝则新，少则得，多则惑"（第二十二章）等章句，可以作这样的阐释。

"道"对于社会政治和人生活动具有绝对的指导意义。"道常无名，朴。虽小，天下莫能臣。侯王若能守之，万物将自宾。"（第三十二章）是说"道"永远无名，而且质朴。虽然小得不可见，但是天下没有人能使它服从自己。侯王如果能够遵循"道"的原则，所治理的一切会自然地归从于他。

认为核心是"术"的，大多为思想史研究者。他们强调其原本为"君王南面之术"（《汉书·艺文志》），是一种政治权术。这个"术"关键点有二：（1）"小国寡民"（第八十章）；（2）"无为而无不为"（第三十七章）。

"小国寡民"是小农经济下的社会政治理想。是希望国家小一点，人民少一点。"至治之极，甘美食，美其服，安其居，乐其俗，邻国相望，鸡犬之声相闻，民至老死不相往来。"就是说：治理得最好的国家，是使人民吃得有味，穿得漂亮，住得安适，世俗的生活快乐。国与国之间相互望得见，鸡犬的叫声都可听得见，但是人民一直到老死，也不相往来。

"无为而无不为"则是一种专制时代下的政治策略。从思想影响看，其更为深远。"无为"是方式方法，是表面上的，"无不为"是本质和目的。这个表面上的"无为"，要自觉为之，当然不免手段性的，但努力表现为自然而然。"将欲废之，必故兴之；将欲取之，必故与之"（第三十六章），就是这个意思。《老子》用水来比喻"道"，因为"天下莫柔弱于水，而攻坚强者莫之能胜"（第七十八章）。水处在低洼，却能渗透至山顶。

随地流淌柔弱至极，却能滴穿坚石，冲垮堤岸。

政治是搞政治的人做的，因此《老子》有些人生论也只是对政治人物而言，对于已当官或要做官的人说的。强调"清静""无欲""不争"，就是认为已经当官了，肯定有地位名利了，就不该再贪得无厌。社会上的利益总是有度的，你贪得无厌，损害了他人利益，就不免引起他人的记恨和报复。因此说："祸莫大于不知足，咎莫大于欲得。"（第四十六章）当官的人一般也在中年了，所以《老子》的人生论也是对中年以后的人说的。这一点很重要，否则不但是误读，而且有害人生。试想，一个年轻人，没有官员那样的财富地位，生活的问题也还没有解决，怎么可以去追求"清静""无欲""不争"呢？

以理论建构的读法，"道"和"术"两种观点都是可以成立的。主要看是形而上的需要，还是形而下的要求；是哲学的认识，还是社会政治的考虑。

六

要深入认识《老子》，还该注意其中的思维方式。事实上，对于民族文化的影响而言，思维方式较之思想观点更为深入。

这一点，闻一多先生的话给我们启发。他曾说："我常疑心这哲学或玄学的道家思想必有一个前身，而这个前身很可能是某种富有神秘思想的原始宗教，或更具体点讲，一种巫术。""道家是出身于道教，恐怕是千真万确的事实。"[1]闻先生说的"原始宗教""道教"，就是"巫教"。后来李泽厚也说："《老

---

[1] 闻一多：《道教的精神》，《闻一多全集》（一），三联书店1982年版，第143页。

子》的'道'有某种原始巫术神话的存留感。"①这些是很卓越的观点。

《老子》最重要的术语"道"，其原始义就指示原始的巫术活动，是原始人在集合地娱神敬神的符号记录。一般都认为，"所行道也"（《说文》），"道"就是路。其实细细分析，这个定义不准确。"道"最早在铜器铭文中见到，约有四类结构：（1）由"行"和"首"构成；（2）由"行""首"和"止"构成；（3）由"行""首"和"手"构成；（4）由"行""手"和"止"构成。其中的"行"，甲骨文作"𔘓"，本义是能通达四方的集合地。罗振玉《殷虚书契考释》"象四达之衢，人之所行也"的解释不妥。在那时，"行"不会只有单纯的交通意义，通达四方的地方一定有特定的社会需要，应该近似于现在的广场。合理的推定，应当是集合起来进行巫术活动的场所。《尔雅·释宫》："路、场、猷、行，道也。"《说文》："场，祭神道也。"证明"行"有这个意义。在"行"之中，"首"占有绝对重要的位置，可见是指示与精神活动相关的意义。在那个时代，只能是巫术活动。巫术要沟通神灵，所以"道"与"导"相通，"道"又有言说的意义。假如"道"解释为"行走的路"，难以引申到言说义。而且，指示行走的"止"就应该占有绝对重要的位置，但是第一、三类没有"止"，在第二、四类中，"首""手"的位置也远比"止"醒目。

现在佛道二教诵经礼拜的地方称为"道场"，民间把做法事祭拜祖宗称作"做道场"，该是"道"原始义的痕迹。浙江绍

①李泽厚：《孙老韩合说》，《中国古代思想史论》，人民出版社1986年版，第94页。

兴、宁波一带方言称"院子"为"道地"，温州方言称房屋围墙内外空地为"道坛"，也遗留了"道"是一块特殊的平整场地的意义。这些都可作为证据。

《老子》的思维方式也是巫术性的。大家知道，原始巫术的思维，只是抓住客观对象的某一方面相似相关的现象，是一种意象性认识，带有模糊性、不确定性，并非本质性、规律性的把握。有关空间关系的联系，是根据意象的外在相似性。有关时间关系的推论，是根据意象的前后相连性。《老子》也是，例如第十一章："埏埴以为器，当其无，有器之用。凿户牖以为室，当其无，有室之用。"经验直观到器物的空无形态产生效用，就推出"无之以为用"的一般性认识。这所依据的就只是外象的相似，即一种相似性的思维。再如第四十章"反者道之动"，宇宙中的一切发展是否都有极限？到了一定程度，是否就一定朝它的反面发展？或者循环往复？这其实是无法证明的。《老子》所依据的是个人有限的生活经验，因为人生不免有起有落，辉煌都会消失。这显然是相连性的思维方式。

而且，思想体系也是巫术性的。原始巫术认为，在人的经验世界之外，存在着一个有规律地运动着的客观世界；人可以通过某种方式把握和利用这种规律。《老子》的思想体系也与此相似。它也强调两个世界的存在：一个是社会活动的世界，其原则概称"德"；另一个是在社会层面之上的"道"的世界。而且认为，"道"是一种客观的、有规律的存在，两个世界的活动相互影响和作用。人通过某种方式影响着信仰世界，信仰世界的"道"也无时无地不控制着社会活动。

原始巫术本身是人类早期幼稚思维的表现。当人类发现自己支配世界万物的企图不能达到时，就产生了宗教信仰。工业革命以后，人类认为自己能认识并支配世界万物，就到了科学时代。从巫术到宗教、再到科学，是个"否定之否定"的过程，现代理性应该更健全、更深刻。但是，人类理性的健全和深刻并非每个人的理性健全和深刻。个人的认识总是受到经验感觉的局限，免不了留有巫术思维的痕迹，免不了从时间前后的"相连性"和外象的"相似性"中推导出因果认识。

《老子》思想就是这种巫术思维的表现。它既有深刻性，又有片面性；是片面的深刻性，也是深刻的片面性。它的片面性是经验的有限性造成的，而深刻性则与巫术的思维形式有关。那些章句，当它的意义范围与我们的经验需要同一类时，当然有启示价值。但是，若奉为绝对的至理名言，那是不够理性的。

七

《老子》版本，早期流传最广的是河上公注本和王弼注本。前者形成于汉代，在民间流传广；后者著于曹魏时期，主要讲玄学，为士人所重视。另外还有西汉的严遵注本、东汉的张道陵注本、唐代的傅奕所校古本、唐代所刻的《道德经》石幢等。

唐宋以后，异本勘合，各种传本又辗转传抄，因此文字内容基本上同流合一。

1949年以后，出土发现了长沙马王堆的帛书本、湖北荆门郭店楚墓中的楚简本。帛书本有甲、乙两种，都是德篇在前，道篇在后，上、下篇结构与通行本不同。文字略异，内容几近。甲本缺1400字，乙本缺600字。楚简本分甲、乙、丙三组，甲本有2046字，内容与今本的三十一个章节相关。

现代人了解《老子》，陈鼓应《老子注译及评价》、李零《人往低处走：〈老子〉天下第一》、董平《老子研读》，都是比较好的读本。

要深入研究，长沙马王堆帛书《老子》（甲乙本合订校订本），《郭店楚墓竹简》，程辟金《老子哲学的研究和批评》，严灵峰《老庄研究》，哲学研究编辑部编《老子哲学讨论集》，朱谦之《老子校释》，高明《帛书老子校注》，〔日〕池田知久《问道：〈老子〉思想细读》，刘笑敢《老子：年代新考与思想新诠》《老子古今：五种对勘与析评引论》等，是该读的。

《孟子》

　　孟子（约前372—前289），名轲，邹国（今山东省邹城市）人。《孔丛子》注有"字子居，亦称子舆"。他是战国时代的思想家、教育家。曾在子思（孔子的孙子）门下求学，学成以后，游说诸侯，到过梁（魏）、齐、宋、滕、鲁等国家，推行政治主张。但是没有得到实行的机会，后来退居讲学。

　　《孟子》是记录孟子及其弟子言行的著作，有七篇十四卷。在宋代以前，不属于"经"。汉文帝时设置"传记博士"，《孟子》称为"传"。中唐的韩愈著《原道》后，孟子的地位提升，被认为是唯一继承孔子"道统"的人物，尊为"亚圣"，与孔子合称为"孔孟"。南宋时，朱熹将《孟子》与《大学》《中庸》《论语》合在一起，形成"四书"。在明清两代，科举考试的题目从"四书"中选取，《孟子》就成了士人的必读书。

一

　　《孟子》的七篇十四卷，计《梁惠王》上下、《公孙丑》上下、《滕文公》上下、《离娄》上下、《万章》上下、《告子》

上下、《尽心》上下。原来没有篇名，后人取每篇第一章中的前两三字为篇名，没有特别意义。

《梁惠王》篇，对梁惠王等讲"王道""仁政"，集中表达了孟子的政治思想和抱负，是士人为帝王师的实践，也是儒家津津乐道的以道统指导政统的历史记录。以此为第一篇，说明孟子旨在做政治家。另外，为了强调"王道""仁政"的实践可能性，提出了"不忍人之心"的观点，即"性善"说。

《公孙丑》篇，讲士人要有参政的志向和修养，有"我善养吾浩然之气""当今之世，舍我其谁也"的名言。另外，对于"性善"作了具体的阐述，提出仁、义、礼、智"四端"说。

《滕文公》篇，概括了"性善"的意义，阐述了"孝"的实践要求。关于士人修养，有"富贵不能淫，贫贱不能移，威武不能屈，此之谓大丈夫"的宣言。另外有价值的是与农家学派的对话，记存了农家的政治思想。《管子》《吕氏春秋》等保留的多为农业技术知识，所以这部分弥足珍贵。

《离娄》篇，散论仁政、人伦、修养等问题。其中两章特别有价值：（1）"男女授受不亲，礼也；嫂溺援之以手者，权也。"其提出了"经"与"权"相统一的认识论。（2）"君之视臣如手足，则臣视君如腹心；君之视臣如犬马，则臣视君如国人；君之视臣如土芥，则臣视君如寇仇"，乃士人面对王权的卓越姿态。

《万章》篇，上篇记述尧、舜、禹、汤、孔子、百里奚等圣王和贤人的事迹，下篇着重再论述士人修养的问题。其中提出了"禅让"的问题，认为只有"天"和"民"才可以决定把天下授予谁，天子没有这个权力。另外，"不以文害辞，不以辞害志"的观点，对于中国古代文论有深远影响。

《告子》篇，主要与告子等人讨论人性问题。集中阐述了"性善"思想，提出"仁义礼智，非由外铄我也，我固有之也""人皆可以为尧舜"的认识，以及"舍生而取义"的人生价值取向。

《尽心》篇，散论涉及教育、政治、思想等领域，精妙迭出。其中"民为贵，社稷次之，君为轻"，为"民本"思想的经典表述。"说大人，则藐之。"最呈现士人的独立人格。"杨子取为我，拔一毛而利天下，不为也。墨子兼爱，摩顶放踵利天下，为之。"则述评战国早期杨朱学派、墨子学派的思想。

二

读《孟子》，也得注意各篇章是对谁说的。

《孟子》言说的对象是君王和士人。就是说，君王和士人这两类，读《孟子》才有收益。君王的职责是做好政治，士人也以参与政治为使命，都与政治有关。因为政治人物需要修养，就又进入到人生论领域。所以，《孟子》的人生论与政治论联系在一起，与《庄子》迥异。后人讲孟子入世，就指这一点。

因此，《孟子》的内容主要有两个部分：（1）对君王讲的，讲政治目标和规划，讲政治人物的修养。（2）对士人讲的，讲参与政治应有的修养、立场和姿态等。

例如"性善"说，是在游说君王施行"仁政"时提出来的，也是针对士人的道德要求。"仁政"自上而下，需要在上者的道德自觉。为了解释这种自觉的合理性和必然性，才推出"性善"说。为了阐述"仁政"的实践普遍可行性，才说"恻隐之心，人皆有之；羞恶之心，人皆有之；恭敬之心，人皆有之；是非之心，人皆有之"（《告子上》）。所以滕文公请教孟子时，"孟子道性善，言必称尧舜"（《滕文公上》）。

士人要参政，也需要修养，所以也以"性善"说来阐述。《尽心上》说："君子所性，仁义礼智根于心。"即对"君子"而言。换一个角度说，具有"性善"的，只是"君子"。假如面对生活在水深火热中的贫民，想必孟子会讲"民生"，不会讲"性善"。"性善"说与君王与士人的需要相关联。

这样才可以理解，何以另外许多处讲"性"时，不讲本质是"善"的。例如《尽心下》："口之于味也，目之于色也，耳之于声也，鼻之于臭也，四肢之于安佚也，性也。"程子注："五者之欲，性也。"（《孟子集注》）这显然不是"性善"的"性"，与《荀子》说的差不多。《孟子》还屡屡强调不同类的人有不同的"性"。例如《尽心上》："形色，天性也；惟圣人，然后可以践形。""践形"是道德实践，即"性善"的表现。程子注："此言圣人尽得人道而能充其形也。"（《孟子集注》）这也就是说，"圣人"的"性"与一般人不一样。《梁惠王上》："无恒产而有恒心者，惟士为能。若民，则无恒产，因无恒心。""恒心"与"本性"相关，朱熹注："性则心之所具之理。"（《孟子集注》）这里所强调的，也即"士"与"民"的"本性"不同。这些可知，在《孟子》中，"性善"并不是一个一般性的、贯穿在实践层面中的理论。

再如"义利之辨"，也只对于君王和士人而言。《梁惠王上》说："王亦曰仁义而已矣，何必曰利？"这是因为君王已经有了"利"的保障，该去追求"仁义"的境界。但是，假如是贫民，谋生的"利"还没有，则不该用"仁义"去考量。所以又说："若民，则无恒产，因无恒心。苟无恒心，放辟邪侈，无不为已。及陷于罪，然后从而刑之，是罔民也。"就是认为，对于贫民首先得考虑"利"的问题。没有固定的"利"，贫民就不会有恒定的"义"。假如不能温饱，去偷盗抢劫，那责任在君王身上。很明显，对于贫民的"义"与否，孟子没有绝对的要求，不会讲"舍生而取义"（《告子上》）这类话语。

孟子思想的理想化，是在对君王和士人的要求中表现出来的。对于贫民的生存需要，还是有客观的认识。

这一点是理解孟子思想本旨的入门口。宋明以来，普遍以为孟子的"性善""义利之辨"是对所有人说的，是对全社会的普遍要求。这当然有理论意义，但是不合本旨，从实践层面上看，不免有负面影响。所谓"饿死事小，失节事大"（《程氏遗书》卷二十二），就是一例。

三

《孟子》原有十一篇。其中《性善辩》《文说》《孝经》《为政》四篇，是外书，现在失传了。最早为《孟子》作注的赵岐说："其文不能弘深，不与内篇相似，似非孟子本真，后世依放而托之者也。"（《孟子题辞》）说明是后学的著述。

其实，留下来的《孟子》七篇，也有弟子参与。司马迁《孟子列传》记："退而与万章之徒序诗书，述仲尼之意，作《孟子》七篇。"赵岐《孟子题辞》也记："于是退而论集所与高第弟子公孙丑、万章之徒难疑答问，又自撰其法度之言，著书七篇。"都说得很清楚。另外，孟子见梁惠王时被称为"叟"，已经年老，在世时应该不知道"梁惠王"这个谥号，这说明这一章后学改动过。门人多称"子"，也是门人参与过的痕迹。因此，说《孟子》是孟子学派的著作，也不会错的。

外书失传了，不能充分地梳理学派思想的流变轨迹。但是，依据七篇的内容，还是可以发现一些孟子的思想轨迹。

例如，"义"是孟子的重要观念。孔子讲"仁"，孟子讲"义"，两者结合，成为儒家的核心观念。但是，作为一般道德准则的"义"，是孟子思想成熟时才有的。在早期，也与传统一样，把它理解为对兄长的尊敬，属于伦理准则中的一种。《离娄上》说："仁之实，事亲是也；义之实，从兄是也。"《尽心上》说："亲亲，仁也；敬长，义也。"就是这个意思。后来，《公孙丑上》说："羞恶之心，义之端也。""其为气也，配义与道。"《离娄上》说："义，人之正路也。""义"发展为与正义、公正、合理相关的公共道德原则，才成为孟子重要的思想创造。

再如孟子的政治方略。我们熟知的，是与"性善"论联系起来，由内及外，"推恩足以保四海"（《梁惠王上》），"乐民之乐"（《梁惠王下》）。其实在早期，孟子可能也只是讲用贤人，以礼治国，与孔子的教诲一样。《尽心下》："不信仁贤，则国空虚；无礼义，则上下乱；无政事，则财用不足。"该属于早期的政治思想。

再如关于"学"。一般都认为，孟子重视的是心性修养，所谓"学问之道无他，求去放心而已矣"（《告子上》）。但是《告子上》也说过："学者亦必志于彀。""学者亦必以规矩。""彀"是拉满弓，"规矩"指工具的要求，都是强调学习要提高能力，注意方法。如朱熹注的，"言事必有法，然后有成"（《孟子集注》）。这是儒学的普遍要求。从后者到前者，也可见孟子的思想发展。

当然，这些内容可能是后学的缀入。假如这样，则是孟子学派思想流变的痕迹了。

读《孟子》，一般就其思想创造而言，这没有问题。但是得理解，即使孟子个人的思想，也有一个发展的过程。那些早期的思想内容，在思想史上别具价值。

四

《孟子》影响最大的是政治论和人生论。

《孟子》的政治论，是以实现"仁政""王道"为目标。在他的理想社会里：（1）有等级，社会成员贵贱有别；（2）贵不能不合礼制，贱也有生存的权利；（3）等级之间关系和谐，相互共存。这样，就"父子有亲，君臣有义，夫妇有别，长幼有序，朋友有信"（《滕文公上》），社会大同了。

实现与否，看平民的生活幸福指数，所以强调"与民偕乐""与民同乐"（《梁惠王上》）。这与孔子说的"近者说，远者来"（《子路》）一样，评价幸福与否，看绝大多数人的感觉，而不是统计数据。

如何实现呢？孟子重视两点：（1）经济问题；（2）道德教化问题。就是先使人人温饱无虞，再予以文化教育。孟子对梁惠王说得很明白："五亩之宅，树之以桑，五十者可以衣帛矣。鸡豚狗彘之畜，无失其时，七十者可以食肉矣。百亩之田，勿夺其时，数口之家可以无饥矣。谨庠序之教，申之以孝悌之义，颁白者不负戴于道路矣。七十者衣帛食肉，黎民不饥不寒，然而不王者，未之有也。"（《梁惠王上》）这里三句话，第一句讲经济，第二句讲教化，第三句结论：这样就可以实现王道了。

关于经济问题，除了"薄税敛""不违农时"等主张，还有"井田制"的设计。《滕文公上》记："方里而井，井九百亩，其中为公田。八家皆私百亩，同养公田。公事毕，然后敢治私事。"就是把田地分成"井"形的九块，每块百亩。周边八块为私田，分给各家，解决生活问题。中间一块为公田，各家先予以耕种，使君主生活富足，也有礼乐活动的费用。

道德教化，是通过"教"而"化"。孟子特别强调教育的重要性，因此成为教育家。他认为，经济解决了，道德用教化的手段就可以做到。道德圆满了，就国泰民安，没有了政治统治和管理的问题。

这里，刑法是不需要的；一旦要运用刑法，那政治必是下等的了。所以又有著名的"王霸之辨"。《公孙丑上》说："以力假仁者霸，霸必有大国；以德行仁者王，王不待大。……以力服人者，非心服也，力不赡也；以德服人者，中心悦而诚服也。"就是认为，以民为本，才能获得平民的拥护；奉行"王道"，一定能赢得天下。这所阐述的，是政治规划，更是社会理想。

与多数诸子一样，《孟子》也主张重用贤良。所以说："为天下得人者谓之仁。"（《滕文公上》）"尊贤使能，俊杰在位。""贤者在位，能者在职。"（《公孙丑上》）不过，其中与其说是对社会政治职能需要的考虑，不如说在为士人开辟进入社会的路径，鼓动参政。

这个政治论，比较多地顾及平民的利益，而且对于暴君有激烈的批判，充分表达了"民本"思想。这是《孟子》思想的光辉之处。

洪武二十七年（1394），朱元璋命大学士刘三吾删削《孟子》诋毁君主的言论。刘三吾等人删掉了其中八十五章，如"民为贵，社稷次之，君为轻"等，出版为《孟子节文》，完整版的《孟子》被列为禁书。朱元璋还下令将孟子逐出文庙。由此可见，《孟子》确有人民性的思想。

当然，孟子并不否定等级制，还是为了维护社会的和谐有序。所以不久朱元璋又下一道谕旨："孟子辩异端，辟邪说，发明孔子之道，配享如故。"恢复了孟子在文庙中的待遇。他的实践策略，无论"井田制"的规划，还是"教化"的方式，也显得想当然。如司马迁评价的，"迂远而阔于事情"（《孟子列传》）。

我们现在都明白，在那个时代，"民本"思想足够先进，但是只肯定有生存权，并没有参政权。平民不能掌握自己的命运，还是受君王、贵族支配的。"民本"与现代的"民主"有本质区别。

五

《孟子》的人生论，是对于士人而言的。他认为，士人应该具有圆满的修养和崇高的理想，投身于政治事业。这类士人，属于仁人志士。那些有道德但明哲保身的，如《论语》中的蘧伯玉，一概摒之在外。孟子个人的践行，就是这类士人的榜样。他的人生论，也是以自己的践行来大写的。主要的有三点：

（一）要充分自信。孟子说："如欲平治天下，当今之世，舍我其谁也？"（《公孙丑下》）就表达了对于儒家政治的绝对信仰。作为教育家，他的教学方法不像孔子那样谆谆诱导、因材施教，而强调精英教育："中道而立，能者从之。"（《尽心上》）

何以不得志，却意气风发？孟子的解释是："我善养吾浩然之气。"（《公孙丑上》）"气"是天地的精华，也是天道的呈现，至大至刚。"养气"就是对天道的体悟，"气"充沛在心胸，就是天道信仰融化在生命中了。因此，足以"居天下之广居，立天下之正位，行天下之大道"（《滕文公下》）。这用现代的话来说，就是有信仰的力量。

（二）要参与政治。士人最高的理想是做帝王师，以道统指导政统，并参与实践。孟子正是这样做的，游说梁惠王、齐宣王等，就期待"得志，与民由之"（《滕文公下》），引领民众走向大同。

在这一点上，孟子与孔子有所不同。（1）孔子寄托于君子，孟子寄托于君王。在春秋时代，有贵族民主制的样子，孔子把政治的希望放在包括君王在内的君子身上，以期他们施行德政。到了战国时代，君王集权，孟子只能游说君王，把政治理想寄托在君王那里。（2）孔子也教导弟子做社会管理工作，所谓"具臣"（《先进》）就是。"多闻阙疑，慎言其余。"（《为政》）也指这个方面的要求。孟子则只强调要指导国家政治，更理想化，也更阔大。

（三）要保持独立人格。既积极参与，又不随波逐流、阿谀奉承，这个最难做到。孟子的风格是："说大人，则藐之。"（《尽心下》）"藐"是轻视，就是要居高临下，不畏畏缩缩。又说："君有过则谏，反复之而不听，则去。"（《万章下》）敢于当面批评，绝不贪图地位利禄。其较之孔子，更强调了士人的姿态和风骨。

那个时代，政治距离理想很遥远。孟子认为原因在君王身上，因此有激烈的批判："残贼之人谓之一夫，闻诛一夫纣矣，未闻弑君也。"（《梁惠王下》）"君之视臣如手足，则臣视君如腹心；君之视臣如犬马，则臣视君如国人；君之视臣如土芥，则臣视君如寇仇。"（《离娄下》）这些文字，现在读起来，依然激扬。

无疑，孟子的人生论有大丈夫气概。"富贵不能淫，贫贱不能移，威武不能屈，此之谓大丈夫！"（《滕文公下》）真是豪情万丈！千百年来，激励着一代代士人。今天我们仰望那些仁人志士，总能看到孟子的光辉在他们的背后照耀着。这些信仰和气概，也促进了积极的人生论，"穷则独善其身，达则兼善天下"（《尽心上》）。人生境遇无论通达还是困厄，都光明在心，坦荡而行。

当然，我们也得意识到，孟子太崇高了。要求士人都有这样的人生境界，并无现实的可能性。人类社会需要天上的星斗，也需要地上的路灯。星空让我们仰望，而路灯指引现实的方向。后一方面，《论语》所论的蘧伯玉那样的君子之道，该更值得重视。

六

《孟子》的思想中，"经"与"权"的认识论也很重要。

"经"的本义，是编联竹简的线。后来指经典，和一般性的思想；也指常规性的方式方法。"权"的本义是黄花木，后来也指秤锤。因为在称重量时是不断调整的，所以引申为相对性的思想，随机变化的方式方法。"经"要求绝对地遵循，"权"则着重从客观情况出发考虑和处理问题。

后人重视《孟子》"经"的思想方法，总是维护那些绝对性的表达。例如"仲尼之徒无道桓、文之事者"（《梁惠王上》），若从历史事实上讲，这明显不实。在《论语》中，孔子就有"桓公九合诸侯，不以兵车，管仲之力也。如其仁！如其仁"（《宪问》）的赞许。但是后人大多认为，这是为了强调"仁政""王道"的绝对性，没有问题。

这些"经"的绝对性认识，促进了社会规范和一般价值观的建设，当然有意义。但是，不能忽略另外"权"的认识。

《离娄上》记："淳于髡曰：'男女授受不亲，礼与？'孟子曰：'礼也。'曰：'嫂溺则援之以手乎？'曰：'嫂溺不援，是豺狼也。男女授受不亲，礼也；嫂溺援之以手者，权也。'"意思是：以"经"的原则，男女之间不能有肌肤接触；但是小叔子看到嫂子落水了，要去救吗？这是一个伦理难题。孟子的回答很明确：男女之间不能有肌肤接触，是"礼"的一般性规定；嫂子落水，小叔子去救，是"权"的要求，属于特殊问题特殊处理。

这个关于"经"与"权"关系的认识极有意义。一方面，"礼"作为"经"，是原则和规定；"权"是权宜和变通：两者有别。另一方面，两者又是统一的，"权"是对"经"的灵活运用。"权"而无"经"，没有价值原则，就会走上邪路。"经"而无"权"，不能因地制宜，随机变化，也会僵化有害。《孟子》所强调的，是把原则和规定落实到实践中，把绝对性与灵活性统一起来。

这其实是处理群己关系的原则。群体要求必然是一般性的，属于"经"。但是个人往往会碰到特殊性的问题，有特殊性的需要，这时候就应该用"权"来处理。当然，这个"经"是一系列的规定，更是有益于个人发展的原则。而"权"，在"经"的原则指导下进行。

"经"与"权"的认识，在现代依然有意义。例如交通规则，可谓"经"与"权"的现代化范例。遵守红绿灯是"经"；救护车、救火车、警车等可以不遵守，是"权"。至于个人，在抢救生命之类的特殊情况下，抢红灯而行，也算是"权"一下，不属于违反交通规则。

七

　　到唐宋以后，《孟子》占据中国历史文化的主舞台，主要是因为提出了"性善"说。"性善"是说人性本善，在《孟子》本旨中，是为了解释"仁政""王道"的可能性。后来，被抽象为一般的人性论，成为儒学的核心观点。

　　在《孟子》中有两个例证。一个例证是："今人乍见孺子将入于井，皆有怵惕恻隐之心。非所以内交于孺子之父母也，非所以要誉于乡党朋友也，非恶其声而然也。"（《公孙丑上》）意思是：一个小孩要掉到井里去了，看到的人都会惊慌恐怕，产生同情心。这不是因为要想在这孩子的父母，或乡邻朋友中获得某种利益，完全是出于内在的善心。

　　另一个例证是："盖上世尝有不葬其亲者，其亲死，则举而委之于壑。他日过之，狐狸食之，蝇蚋姑嘬之。其颡有泚，睨而不视。夫泚也，非为人泚，中心达于面目，盖归反虆梩而掩之。"（《滕文公上》）意思是：上古有个人，父母亲死了，就把他们抛弃在山沟里。后来有一天路过那里，看见狐狸在啃他父母的尸体，苍蝇、蚊虫也叮吮在上面。那人不敢正视，内心悔恨，回家拿来农具，把尸体掩埋了。

　　这两个例子都强调"善"是每个人内心固有的。所以说："恻隐之心，人皆有之；羞恶之心，人皆有之；恭敬之心，人皆有之；是非之心，人皆有之。恻隐之心，仁也；羞恶之心，义也；恭敬之心，礼也；是非之心，智也。仁、义、礼、智，非由外铄我也，我固有之也。"（《告子上》）孟子把"仁、义、礼、智"看作是人性的"四端"，强调与生俱来，不是通过后天学习才取得的。

社会上普遍存在的"恶"的现象，则是暴政污吏造成的。所以孟子强调，要教化他们，使他们体悟到内在的"善"，再向外践行。所谓"求其放心"（《告子上》），就是要把那个逃逸在外的善心挽回来。"其自反而仁矣，自反而有礼矣"（《离娄下》），则是说从内在的"善"返出来，才有真正的"仁"和"礼"。

由此，后学认为，孟子发展了孔子思想，形成孔孟之道。孔子继承西周的"礼"，揭示其中"仁"的内涵；孟子又由"仁"发展出"性善"说，揭示了"仁"的内在合理性。孟子为"仁"所做的合理性解释，为儒家学说建立了理论基础。他指出，那种以血缘关系为基础的"仁"之所以是现实的合理存在，是因为在每个人的内心中，先验地存在着"善"。"善"是人固有的品性，发挥出来，必然普遍有"仁"的表现。"仁"的普遍践行，又必然世界大同。

这个思想，经过陆王心学的发扬光大，成为汉民族的文化品质。

<h2 style="text-align:center">八</h2>

要理解孟子"浩然之气""性善"等观点的内质，还应该领会其背后的"天道"信仰。

孟子自诩有"至大至刚"的"浩然之气"（《公孙丑上》），自以为"天道"的代言人；所有的言说活动，都是根据"天道"而来。

探究这种认识的渊源，则从巫文化而来。巫是最早的知识分子，巫的责任和使命是把人的愿望传达到天，把天的旨意传达给人。"天道"是通过巫来落实的，巫就成为承载"天道"的人。

巫退出历史主舞台后，士人继承了这个位置，信仰的传统留存下来。孟子作为士人，自以为有这样的使命，所以这般自信。

所以《孟子》说："圣人之于天道也。"（《尽心下》）"圣人"必本于"性善"，必是"天道"的践行者。又说："尽其心者，知其性也。知其性，则知天矣。存其心，养其性，所以事天也。"（《尽心上》）这个"性"，是"性善"的"性"，可以用来"事天"。如程子说的，"心也、性也、天也，一理也"（《孟子集注》）。这些都是讲"性善"与"天道"的契合关系。郭店竹简《性自命出》："性自命出，命自天降。"张岱年说："天是人伦道德之本原，人伦道德原出于天。"[1]也是这个意思。

"性善"说背后，也由"天道"信仰支撑着。"性善"是"仁"的本源，"仁"是"礼"的内质，"礼"原本"事神致福"（《说文解字》）。从"礼"到"仁"，再到"性善"，思想一步步内化，一步步落实，而"性善"与"天道"相契合。

显然，孟子的政治伦理思想，都是以"天道"信仰为基石的。在《孟子》中，这一点没有展开来，当是因为这在先秦属于常识，而他的重点也在于现实层面。

理解了信仰这一点，我们就不该再去讨论"性善"说的科学与否。众所周知，能讨论的，是与科学和理性相关的问题，它可以有客观的结论。而信仰，在理性的范围之外，本质上不能讨论，更不可能通过讨论获得统一的认识。你信仰它，它就存在；你不信仰它，它就不存在。人的本性是"善"还是"恶"？这正是一个信仰的问题。

---

[1] 张岱年：《中国哲学大纲》，中国社会科学出版社1982年版，第181页。

《孟子》

人类社会必然是有道德的。何以必然有？是因为必须有。这是一个信仰。大家知道，道德才使人类超越了动物性，使社会和人生具备价值意义。《孟子》"性善"说的卓越，就在于为道德的大厦建立了基础。

九

据《汉书·艺文志》记，《孟子》有"十一篇"。东汉末的赵岐也说："又存外书四篇：《性善辩》《文说》《孝经》《为政》。"但是，《隋书·经籍志》《旧唐书·经籍志》《唐书·艺文志》《宋史·艺文志》都著录"十四卷七篇"。那四篇失传了。

读《孟子》，一般先选杨伯峻《孟子译注》。若要研究性阅读，朱熹《孟子集注》最为重要。另外，该读焦循《孟子正义》，李明辉《康德伦理学与孟子道德思考之重建》，杨泽波《孟子性善论研究》，董洪利、方麟选编的《孟子二十讲》等。

若对《孟子》的文学风格感兴趣，可读姚永概的《孟子讲义》。

《庄子》

　　庄子，名周，宋国蒙（今河南商丘，一说安徽蒙城）人，所以又称"蒙庄"。大约生活在战国早中期，与孟子同时代。据传年轻时做过蒙地的漆园吏，后来一直隐居。楚威王曾请他为相，也被拒绝，一生清贫而高傲。他是战国时代道家的代表人物，伟大的思想家、文学家。后世将他与老子并称为"老庄"。唐玄宗天宝初，诏封其为南华真人，称《庄子》为《南华经》。

　　《庄子》是庄子学派的论文集，有"内篇"七篇、"外篇"十五篇、"杂篇"十一篇，共三十三篇。一般认为，"内篇"是庄子自己的著述，若干句段可能是错简或后学缀入；"外杂篇"是庄子后学的著述，对于"内篇"的思想有多方向的发展。

一

　　《庄子》思想深邃，文采飞扬，几乎全是精华。即使怀疑为后学缀入的《说剑》篇，也大气淋漓。其中《逍遥游》《齐物论》《秋水》《寓言》《天下》五篇最为重要，影响也最大。

　　《逍遥游》是"内篇"的第一篇。一般认为，它最充分地表现了庄子追求精神自由的思想特质，以及浪漫主义的文学特色。"逍遥"指精神的自由自在。"游"是形象性的说法，指思想的活动，也就是思考。如何才算得上"逍遥"？庄子有深刻的思考。

《齐物论》是"内篇"的第二篇。涉及思想方法的问题，汪洋而深邃，难理解。对于篇名有三种读法：（1）"齐""物论"，指所有关于客观世界的认识都是齐一的；（2）"齐物""论"，意思是对于万物齐一的认识的论述；（3）"齐""物""论"，意思是客观世界是齐一的，所有的主观认识也是齐一的。关键是对于"齐"的认识，是否基于个体本位的认识？是否从认识出发而最后否定了认识的可能性？

《秋水》在"外篇"，主要记述河伯与北海神若的对话。河伯看到大海的壮阔浩瀚，才知道原来在大河里的沾沾自喜非常可笑。随后听北海神若讲沧海一粟的人生感受，思想从相对主义发展到了虚无主义。记叙层层展开，流畅华丽，描写开合自若，雄健多姿，极具文学之美。另外，后半篇庄子在濮水对楚大夫说的"吾将曳尾于涂中"，在濠梁之上与惠施关于"鱼之乐"的对话等，或清逸，或哲思，都千古绝唱。

《寓言》在"杂篇"，提出了"三言"说，就是"寓言""重言""卮言"。"言"指语言内容，也指表达的形式。"寓言"是用故事来讲道理，"重言"是引用前人的话来讲道理，"卮言"是摇摆不停、前后不统一的表达，指思想总是处在流变的过程中。理解了"三言"的表达形式，才能走进庄子的世界。

《天下》是《庄子》的最后一篇，是最早的关于先秦学术思想史的著作。它把先秦的学术思想史分为"道术"和"方术"两个阶段。"道术"阶段对于宇宙和人生问题有根本性和整体性的把握，处于"一"的形态，追求"内圣外王"。"方术"阶段历述战国诸子思想，分为六派，大略为"内圣"和"外王"两条路线的展开：一条从墨翟、禽滑釐到宋钘、尹文，以追求社会安定为本旨；另一条从彭蒙等到关尹、老聃，再到庄周，再到惠施、公孙龙，探寻人的生命意义。

<h1 style="text-align:center">二</h1>

读《庄子》，应该把"内篇"与"外杂篇"分开来。"内篇"与其他诸子著作不同，逃避社会政治，而且思想和表达的形式很特别。要理解这个特别性，该明白《寓言》篇说的"寓言""重言""卮言"的意思。

"寓言"是一个一个的故事，用来讲道理。例如《逍遥游》，用鲲鹏展翅九万里的故事表达"用大"就是逍遥的思想。这使《庄子》极具文学色彩。

"重言"是重复说的话，就是引用前人的话，目的当然也是用来讲道理。例如《逍遥游》"谐之言曰"，"谐"无论是人名还是书名，都表示其是引用的，是"重言"。能引用的肯定是重要的，所以"重"读"zhòng"，也可读"chóng"。这些"重言"似属于历史资料，但是学界大多怀疑是庄子本人想象和虚构出来的。

"卮言"的"卮"，是一种酒器，不灌酒时空仰着，灌满后则倾斜，没有一定的状态。"卮言"指摇摆不停、前后不统一的语言。就是说，庄子的思想总是处在流变的过程中。一般认为，"寓言"的表达更多文学性，"重言"的表达更多历史性，"卮言"则表现了思想的过程，更有哲学意义。

"卮言"的这个特征，前人已说过。例如成玄英疏："无心之言，即卮言也。""无心"就是不主观一定。王元泽《南华真经拾遗》注："卮言，不一之言也。""不一"就是指前后的思想不相统一。林云铭《庄子因·杂说》："卮言者，随口而出，不论是非也。"王先谦《庄子集解》："随人从变，已无常主者也。"也都是指没有结论性认识。

那么，又如何理解"内篇"中不断流变的"卮言"呢？要点有三：

（1）"内篇"七篇都是由思想片断组成的。每一篇虽然都有篇名，其实没有篇的结构。思想片断是随感性、阶段性的。

（2）篇内各个片断思考的问题是一样的，但是具体观点不一样。也就是思想范畴相同，思想观点不同。或者说有相同的论题，但是论点不一。观点与范畴不同，观点是文本所表达的一定的认识，范畴则指文本思考讨论的问题范围。在片断体里，这个问题特别典型。往往单个片断有思想观点，而片断之间没有统一的思想观点。把它们组合在一起的，只是相同的思想范畴。

（3）片断的组合使篇内的思想不相统一，不断变化。也即后一片断思想对于前一片断思想或做了阐释，或做了发展，或做了否定。片断之间的组合使思想呈现出流动的状态，处于不断的发展变化中。在流变中，思想不是一种结论，只是一个动词，表示一种过程。

这是理解《庄子》"内篇"文本，厘清其思想特质的关键。

"内篇"的这种流变性是客观存在的。其何以形成的？逻辑上的分析不外乎以下几种可能：（1）庄子个人著述时自觉表现的，（2）庄子个人著述时不自觉中完成的，（3）庄子后学的文字缀入而形成的，（4）编纂时竹简错杂而形成的，（5）上述其中的几种因素综合造成的。这可能是永远的谜了。但是读《庄子》"内篇"，流变性是应该认识到的。

三

根据"卮言"指示的流变性特征，可以分析"内篇"各篇的思想片断及其流变的轨迹。

《逍遥游》：（1）首先抒写大鹏鸟一样的宏大志向。（2）通过斥鴳和大鹏鸟的比较，反思到"小大之辩"的问题，提出合乎本性就是逍遥的"物适其性"观点。（3）进而认识到，在"无己""无功""无名"的状态中才有真正的逍遥。（4）最后两则寓言，又陷入"用大"才算逍遥还是"无用"才能逍遥的思想矛盾中。这两则寓言，开始都是"惠子谓庄子曰"，与前文不类，很可能是后学的缀入。

《齐物论》：（1）开篇借南郭子綦的形象描述"吾丧我"的"天籁"境界。（2）批判世俗的言论和争论（即"人籁"）。（3）进而怀疑人的认识表达的可能性，提出相对主义、虚无主义的认识。（4）再借尧与舜、啮缺与王倪的对话，论述圣人的生命状态，照应开篇的"天籁"。（5）再通过长梧子之口，批判世俗的政治人生言行，强调认识的虚无性。（6）最后两则寓言，又反思自我的批判能力，也即对上述批判的审省。

《养生主》：（1）通过庖丁解牛的寓言，阐述人生要追求精神修养的观点。（2）进而阐述精神修养应该是自然而然的，并非庖丁那种主观有意识的努力。（3）再进而认识到，个体生命这一主体，本身也是一种自然的存在。（4）最后，由个体生命的有限性，思考到群体生命的无限性。

《人间世》：（1）开首通过三则寓言描述了议政、外交、为太子傅等士人行为的危险性，叙说入世之难。（2）进而通过"栎社"和"支离疏"的寓言，阐述"无用"的处世哲学。（3）又通过"楚狂接舆"的话，表达随乎时世而进退的人生态度。（4）最后指出入世参政之祸是自取的。

《德充符》：（1）借王骀、申徒嘉形残而神全的寓言，指出精神意义超越形体而存在。（2）进而借叔山无趾之口，思考是否所有人都能达到精神修养的境界。（3）又通过哀骀它等形残神全的寓言，阐述道德真人对于世俗的感召力。（4）最后又反思到人的本质存在中的"道"与"情"（即纯粹精神修养和世俗感情欲望）的关系问题。

《大宗师》：（1）由思考"知"的意义入手。（2）接着描述"知"的主体，即"真人"的表现。（3）又由"真人"的外在表现，深入认识到其内在的"道"的表现。（4）进而对"道"作理论阐释。（5）又借女偊之口，转而描述修道的过程。（6）通过子祀、子舆、子犁、子来等人的寓言，指出只有深切体验生命的悲苦才能修道。（7）又借意而子与许由、颜回与孔子的对话，反思是否每个人都有修道的可能。（8）最后用子桑之歌慨叹生命的悲苦和无奈。

《应帝王》：（1）借"啮缺问于王倪"等四则寓言，阐述"无为"的政治思想。（2）借壶子的生命表现，描述无为者"无为而无不为"的修养境界。（3）借"浑沌"的寓言，批判有为意识对无为政治的摧残。

流变性是一种视角，具体的怎样流变的，自然会有不同的疏述。上述的只是个人的理解，不周处难免。只是强调，流变性是"内篇"文本的客观存在，要理解它的本旨，得从流变性入手。

四

认识"外杂篇"的思想，也宜从篇章形式入手。各篇的篇章形式不相统一，大略可以分为"专论""专集"和"杂集"三类。

"专论"有中心论点和结构组织，是比较完整的论文。计有《马蹄》《刻意》《说剑》《渔父》《天下》五篇。《马蹄》批判有为政治对生命意义的摧残，《刻意》讲精神修养，《说剑》旨在称王天下，《渔父》宣扬全性保真的思想，《天下篇》描述先秦学术思想发展史。

"专集"指范畴相同、观点相近的思想片断的汇集。在这类汇集中，片断的思想内容是重复性的。计有《骈拇》《胠箧》《缮性》《至乐》《达生》《山木》《田子方》《知北游》《让王》九篇。

例如《骈拇》开首至"天下何其嚣嚣也"为一个片断，以下为一个片断。两个片断都是批判仁义伦理对于自然人性的摧残，如归有光《庄子释意》注："通篇只一意。"但是，其前个片断已经为一个完整的类比论证。

《至乐》篇基本上都讨论人生快乐的问题，其有关生死的态度也与人生快乐与否的认识关联。第一个片断讲"以无为诚乐矣"。第二、三片断的两则寓言，是对生命快乐问题的思考，讲顺乎生命自然。第四个"庄子之楚"片断，否定人生的快乐可能。第五个"颜渊东之齐"片断，讲顺乎本性就是快乐。第六个"列子行食于道从"片断，又是直接发问：人生是否有真快乐。最后"种有几"片断，是否为上文的列子之言，历代有不同理解。假如它也为列子的话，则是对人生快乐问题的深入思考；即认识到生命本质的循环性，也就无所谓生之享乐，死之悲苦，一切都应循乎自然。假如把它单列为一个片断，认作为宇宙论的认识，则《至乐》也可划为"杂集"类。

"杂集"指的是不同思想角度、不同思想范畴的片断的汇集。计有《在宥》《天地》《天道》《天运》《秋水》《庚桑楚》《徐无鬼》《则阳》《外物》《寓言》《盗跖》《列御寇》十二篇。

例如《在宥》篇分五个片断，涉及三个思想范畴：（1）统治者的修养之道；（2）无治主义的思想，否定一切政治活动的价值和意义；（3）无为而无不为的统治术。"贱而不可不任者"以下几段，有学者怀疑"全不似庄子之笔"（宣颖《南华经解》）、"为赝手所窜"（胡文英《庄子独见》），很有道理。但《在宥》篇本是杂集，后学以老子思想批判庄子思想，也是一种发展，所以不必删略。

《秋水》分七个片断。主要涉及两个思想范畴：（1）认识论，对人的认识能力的思考，否定世俗的认识可能，提出相对主义、虚无主义的观点；（2）人生论，蔑视权贵、逍遥人生的思想和安于天命的乐观态度。林云铭《庄子因》说："其中'孔子游匡''公孙龙问魏牟'二段，意颇浅肤，疑为赝作，姑拈而出之。"这是不明《秋水》篇的杂集性质。

由此，可以认识到"外杂篇"与"内篇"思想形式的不同。"内篇"片断思想的组合，构成了流变性、开放性的特质。而"外杂篇"中，五篇专论不可能有思想的流变性；九篇专集思想范畴相同，但各片断内容叠合在一起，缺乏"内篇"那样否定、跳跃的关系；十二篇杂集，篇内更无思想关系可寻。

五

"外杂篇"中后学著述与"内篇"发生的思想关系，有解说、发展和流变三种类型。因为"内篇"思想是流变的，故而"外杂篇"与之对应的是某一思想片断。

解说是指对"内篇"思想的复述、解释，它有传播学术思想的贡献，但没有思想创新。例如：

《外物》"任公子为大钩巨缁"寓言，复述《逍遥游》鲲鹏九万里的思想。

《秋水》"庄子钓于濮水"寓言，解说《逍遥游》"无功""无己""无名"的思想。

《秋水》"河伯"与"北海若"的对话，阐释《齐物论》相对主义、虚无主义的认识论。

《达生》"孔子观于吕梁"寓言，复述《养生主》"庖丁解牛"寓言的思想。

《至乐》"支离叔与滑介叔观于冥伯之丘"寓言，描述《德充符》超越形体而存在的精神意义。

《知北游》"人生天地之间，若白驹之过隙"片断，复述《大宗师》生命悲苦的认识。

这些片断从内容上看只是重复"内篇"的思想，但是表达上也有精彩之处。例如《知北游》"人生天地之间，若白驹之过隙"，极为简明透彻地表达了生命一次性的无奈和惆怅。《秋水》"河伯"与"北海若"的对话，形象地解释了相对主义、虚无主义认识论。这些都脍炙人口，流传千古。

发展是根据"内篇"思想逻辑做进一步的阐释，它是"外杂篇"的精华所在。王夫子《庄子解·杂篇》就说道："杂篇言虽不纯，而微至之语，较能发内篇未发之旨。"例如：

《天地》"尧观乎华"片断、《刻意》"吹呴呼吸"片断，向神仙道教思想发展。

《山木》"庄子行于山中"寓言，提出"处乎材与不材之间"的思想，是对"无用"处世思想的发展。

《天道》"世之所贵道者书也"片断、《外物》"荃者所以在鱼"片断，有对语言功能的认识，发展了《齐物论》的相对主义、虚无主义理论。

《至乐》"庄子妻死"寓言，表达了对死亡的超越态度，发展了《德充符》有关形神关系的认识。

《天地》"子贡南游于楚"寓言，批判机械文明思想。所描述的精神意义，由超越形体发展到超越物质技术。

《知北游》"舜问乎丞"片断，用"气"来解释"道"；"光曜问乎无有"片断，用"无无"来解释"道"：都是对《大宗师》"道"论的发展。

流变是指"外杂篇"中若干篇或片断思想偏离了"内篇"所反映的庄子思想。它应该是吸收了其他学派思想的庄子后学的思想表达。例如：

《盗跖》篇"盗跖"与"孔子"的对话，批判孔子儒家，要求率性而为。它虽然不像"内篇"那样落实到精神自由的层面，但是在肯定人的本性这一点上与"内篇"亦有联系，是由"内篇"转折而来。

《说剑》篇吸收了纵横家的思想和文风，是对《应帝王》政治思想的流变。

《徐无鬼》"管仲有病"片断，讲到政治人物需要"圣"和"贤"，是吸收了儒家的政治思想，也与《应帝王》的无治主义思想不同。

《列御寇》"凡人心险于山川"片断，讲通过九种征验而认识不肖之人，含有韩非子那样的"参验"思想，也是对"道"的认识论的流变。

这些思想流变的篇和片断，在研究庄子学派思想时可以忽略，但是作为先秦思想来学习，也是有价值的。例如《说剑》篇，文风和内容与《战国策》相似，也可以作为研究先秦纵横家的材料。

六

现代学人讨论《庄子》最多的，是人生论和认识论。这种专题性的分析讨论，有助于认识的提高，自然也是很有意义的。

《庄子》的人生论，只关心精神意义的问题，对于肉体、物质、功名都是鄙视的。因此，有修养的人大多是残疾人，例如《齐物论》的"啮缺"，《人间世》的"支离疏"，《德充符》的"兀者王骀""叔山无趾"，《大宗师》的"子舆"，《至乐》的"支离叔与滑介叔"。《庄子》说到的养生，主要是培养精神。就是《大宗师》说的"其寝不梦，其觉无忧，其食不甘，其息深深"，从不被外界所侵扰，享受生命的本真。

贪图物质享受，会损害人的精神，因此那些有修养的人都是清风明月。甚至，技术发展因为与物质诱惑相关，也是被否定的。《天地》"子贡南游于楚"的寓言，就是对于机械文明的批判。

至于功名，那更是被讽刺批判的。《秋水》篇中，庄子对楚大夫说："往矣！吾将曳尾于涂中。"对惠子说："今子欲以子之梁国而吓我邪？"即这样的姿态。后世的文人，不能随着庄子走进无涯的精神世界，也常常这样自诩。

但是如何才算是精神的自由自在，达到人生的最高境界呢？这个在《庄子》中是没有答案的。上面已经介绍过，庄子从"用大"思考到"适性"，再思考到"无"，一直在变化中。庄子后学在"外杂篇"中做了充分的解释，整个庄子学派围绕着这个问题有多元、多层次的展开。《庄子》的伟大，不只是因为提出了在当代依然有意义的思想，主要还在于，对这个人类永远的问题有不断的追问。

"用大"的认识，还是在"有"的境界里，与功名脱不了干系。假如停留在那里，显然是不够的。现代人吸收这个观点，主要作为一种批判的姿态；就是站在卓越的立场，批判世俗的功名。

相比较，现代人对于"适性"和"无"这两种人生论有充分的阐述。"适性"是郭象说的"各以得性为至，自尽为极也"，就是说适合个人的本性就是自在的、精神自由的。这肯定了每一个人无论像鲲鹏一样，还是小麻雀一般，都有独立的价值，特别有现代意义。而且，还否定了与大一统相伴的一元论，含有反专制的思想品质。

"无"是"无己""无功""无名"，是一切无所待的人生境界。对社会无所依赖、无所企求，不为外物所累，就可以保持绝对自由的状态。"无"不是消极，是自信和自负，是追求清静空灵的生命，并走进纯美的精神世界。这种认识接引了印度佛学，吸纳和融合以后，发展出中国的禅宗。

七

《庄子》的认识论，是从感觉出发的。由此，发展到了相对主义和虚无主义。

感觉的认识与理性的认识都基于个人的经验。把经验积累起来，依据物质和社会效果来归纳分析，就趋向理性。执着于经验中的主观感受及其细微差异，就成为感觉主义。感觉是与理性不同的认识方法，虽然理性总是宣称从感觉质变而来，高于感觉，但是基于感觉的认识从来没有消失过。作为认识的不同路向，两者是各自独立的。

感觉一定是个人的感觉，感觉主义一定以个体为本位。个体感觉是有限的，面对无限的自然世界，会有渺小和绝望的认识。河伯的"望洋向若而叹"（《秋水》），是这样的真切感受。"井蛙不可语于海者，拘于虚也；夏虫不可以语于冰者，笃于时也"（《秋水》），是真切感受后的深切认识。井蛙、夏虫，因为自身的有限性决定了无法认识对象。人也一样，每一个人都是有限的，而面对的世界无限。

同时，每个人都有自己的经验需要和价值标准，相互间必不能统一，这就发展出了相对主义。相对主义认为，事物没有绝对的评价标准，所有的对或错，都是立场不同、需要不同和条件差异造成的。因此《逍遥游》中的鲲鹏与学鸠，都是"逍遥"的，所谓"此小大之辩也"。

这种相对主义，找不到公约数，找不到统一的价值标准，就走向了虚无主义。所以《齐物论》说："物无非彼，物无非是。""可乎可，不可乎不可。"意思是：万物没有不是那样的，也没有不是这样的。说是可以的，就是可以的；说是不可以的，就是不可以的。《应帝王》说："尽其所受乎天，而无见得，亦虚而已。"所接受的都是天道自然，而没有自己的观点，就是一个"虚"了。

《齐物论》的三种读法，无论"齐""物论"，还是"齐物""论",或者"齐""物""论",都是虚无主义的。

　　一旦进入到虚无的世界,认识也就没有存在的必要。《养生主》说道:"吾生也有涯,而知也无涯。以有涯随无涯,殆矣!"对于主体认识的必要性作了否定。因此倡导"坐忘":"堕肢体,黜聪明,离形去知,同于大通。"(〈大宗师〉)至此的大彻大悟,也即放弃了对于世界的认识。

　　《齐物论》结束时,有段美丽的寓言:"昔者庄周梦为蝴蝶,栩栩然蝴蝶也。自喻适志与!不知周也。俄然觉,则蘧蘧然周也。不知周之梦为蝴蝶与?蝴蝶之梦为周与?"这段描述的虚无状态的人生,连认识的主体和客体都分不清。至此,虚无是人生论,也是认识论,人的认识和他的生命状态融合一体。

八

　　魏晋以后,老庄思想合流成为道家主潮,"老庄"成为专有名词。其实,是庄学涵盖了老学,老学的人生论方向的发展,是与庄学缠绕在一起的。而所谓庄学,主要是对《庄子》"内篇"的思想阐发。要领会《庄子》"内篇"的思想特质,比较与《老子》本旨的不同,也是有效的路径。

　　其中的不同,首先在思想范畴方面。《老子》的本旨在政治论;《庄子》"内篇"则落实于人生论。

　　《老子》批判儒家思想,提出"小国寡民"的政治理想,"无为而无不为"的政治策略,并且提升到"道"的高度,来强调这种政治理想和策略的绝对性和必然性。其关于人生论的阐述,除了第二十章和第七十章与士人相关,其他都是对于政治人物的要求,也在政治范畴内。《汉书·艺文志》指出其讲的是"君人南面之术",已经一语道破。朱熹也说:"其学也要出来

治天下。"（《朱子语类》卷一百二十五）

《庄子》"内篇"的思想则在人生论的范畴内。其对于政治的苦难有深刻的体验，故而否定一切政治的意义，持无治主义的立场。转而从个人本位出发，追求精神自由，探索生命存在的意义。《应帝王》涉及政治，也是从生命需要出发，谈应顺自然、随缘自化的社会理想，谈政治人物应"顺物自然而无容私焉"，避免因为政治而人性异化。

因此两者的出发点和归宿都不相同。《庄子》"内篇"的核心是"游"，《老子》的本旨是"治"。《庄子》"内篇"要逃避一切制度和秩序，而《老子》则在制度和秩序的平台上。《老子》的政治理想是"小国寡民"（八十章），"使民无争"（三章），而《庄子》"内篇"的人生理想却是"乘夫莽眇之鸟，以出六极之外，而游无何有之乡，以处圹埌之野"（《应帝王》）。两者路向的不同十分明显，读《庄子》"内篇"，不可不把握这个基本点。

另外，两者还各有各的思想方式。《老子》是经验独断性的，根据个人的经验认识得出绝对性的结论。那些内容，是绝对性的告诫，那语录形式与这种独断性的内容相合。而《庄子》"内篇"，思想形式是流变性的。就是上面说的"卮言"，没有固执一定之见，不断地发展变化。

从思想的传承关系看，《老子》承袭《孙子兵法》而来，这上文已述。而《庄子》"内篇"，则是从《论语》所代表的儒家传统转折出来的。从《论语》到《庄子》"内篇"，有一条可寻觅的思想线索，就是都重视人的意义。《论语》重视社会关系中的人，《庄子》"内篇"重视精神自由的人。《论语》在解释人何以需要"礼"、怎样实践"礼"的过程中，揭示出尊重人、实现人的社会情感需要的"仁"的内核。《庄子》"内篇"则认识到，内在需要的"仁"必然与外在要求的"礼"相矛盾，从而逃避"礼"，转而追求精神自由的新空间。

概之，在《老子》本旨中，理性的外貌下是经验性的内核；而《庄子》"内篇"，感性的流动中有深刻的体悟和反省。《老子》从经验性认识出发，告诫人们应该怎样做；《庄子》"内篇"则是凭直觉感受表述自己对生活的认识，并深入到对生命本质的思考。《老子》经验独断性的思维在战场和宫廷政治中得到充分的应验，与专制制度有密切的关系；而《庄子》"内篇"情感化流动变化的表达形式则与文学艺术结缘，最充分地体现中国传统的艺术精神，开拓出精神世界的无限空间。

九

《庄子》在汉代，曾流传有五十二篇的本子。晋代同时有向秀注二十卷二十七篇、郭象注三十三卷三十三篇、李颐集解三十卷三十篇多种。宋以后，著录的都是三十三篇。故而推论，现在的通行本大约在郭象注本出现后形成的。

《庄子》篇幅比较大，要了解重点，可选严灵峰《庄子选注》、〔日〕福永光司《庄子内篇读本》、张涅《庄子入门》。要通读整部《庄子》，陈鼓应《庄子今注今译》、曹础基《庄子浅注》，是比较好的读本。

要了解庄学研究的成果，可读崔大华《庄学研究》、刘笑敢《庄子哲学及其演变》和哲学研究编辑部编《庄子哲学讨论集》等。要深入研究，郭庆藩《庄子集释》，方勇《庄子纂要》《庄子学史》很重要，郎擎霄《庄子学案》、蒋锡昌《庄子哲学》、王叔岷《庄子校诠》等，也该读。

《商君书》

商鞅（约前395—前338），战国时代的卫国（今河南省安阳市内黄县梁庄镇）人。他是卫国国君后裔，姬姓公孙氏，所以又称卫鞅、公孙鞅。后来在秦国获封商邑，号为商君，又称之商鞅。他是先秦著名的政治家、思想家，法家学派的代表人物。曾辅佐秦孝公变法，获得巨大成功。

《商君书》又称《商子》，有二十六篇。其中两篇有篇目而无内容，实存二十四篇。旧题商鞅撰，其实是商君学派的著作，著述者多为商鞅后学。

一

《商君书》二十六篇，计《更法》《垦令》《农战》《去强》《说民》《算地》《开塞》《壹言》《错法》《战法》《立本》《兵守》《靳令》《修权》《徕民》《刑约》《赏刑》《画策》《境内》《弱民》《御盗》《外内》《君臣》《禁使》《慎法》《定分》。其中《刑约》《御盗》已亡佚。重要的有：

《更法》篇，记述秦孝公主持下的变法争论事件。商鞅提出了"三代不同礼而王，五霸不同法而霸"，"治世不一道，便国不必法古"的观点，是认识先秦法家变法思想的重要著述。还强调："法者，所以爱民也。""爱民"一词，可见从儒家传统转折过来的痕迹。

《垦令》篇，提出了开垦土地、发展农业的政策法规。包括"无宿治"（提高管理效率），"不贵学问"（愚民），"使商无得籴"（贱商），"重刑而连其罪"（严刑苛法），"使民无得擅徙"（户籍控制），"百县之治一形"（统一律法）等。这些具体的政策对于中国历史有极大影响。

《农战》篇，认为国家富强依靠农业生产和对外战争，农则富，战则强。所以说："国之所以兴者，农战也。"要一民于农战。这是法家政治实践的关键。

《去强》篇，激烈批判儒家传统，指出"国有礼、有乐、有《诗》、有《书》、有善、有修、有孝、有弟、有廉、有辩。国有十者，上无使战，必削至亡"。这是有关先秦儒、法两派矛盾的思想资料。

《靳令》篇，阐述法治主义的精神，指出"法"至高无上，"法已定矣，不以善言害法"；严法的目的在于"以刑去刑，刑去事成。……故能述仁义于天下"。保留了儒家传统的政治理想，只是在实践路线上做了新选择。

《修权》篇，阐述法治实践的原则："一曰法，二曰信，三曰权。"即遵守法规，相互信用，建立权威。这个"权"指权力威望，不是权谋。因为其只强调："惟明主爱权重信，而不以私害法。"讲的是法规至上，信用至上，属于早期法家的思想。

《赏刑》篇，阐述法治的手段和路径："壹赏，壹刑，壹教。"较之后代法家只重视奖赏、刑罚两个方面，还有教化的手段。这也可见早期法家从儒家转折过来的痕迹。

《境内》篇，列出了一系列奖惩条例，是认识先秦律法的重要史料。

《定分》篇，提出了一套监督法规实施的政策。包括设置专门的法规机构，"为法令，置官吏"；对于执法人员的法规监督，"各主法令之民，敢忘行主法令之所谓之名，各以其所忘之法令名罪之"；以吏为师的普法手段，"置主法之吏，以为天下师"。认为这样"吏不敢以非法遇民，民不敢犯法以干法官也"，法治就能够实现。监察法的思想，是商君学派的卓越之处。

另外，《战法》《立本》《兵守》篇阐述兵家思想，属于政治军事学，也有价值。例如《战法》篇指出："凡战法必本于政胜。"早期法家也为兵家，这几篇是证据。

二

《商君书》言说的对象无疑是君王。典型的如《更法》篇，是为了说服秦孝公实行变法。当时秦孝公对于变法与否有疑虑，商君引用"疑行无成，疑事无功"的古训，两次强调"君无疑矣"，即针对秦孝公的需要而言。后人据此以为法家理论太简单，是不明《更法》篇意义表达的特定性。

其他篇因为作者难以考证，不能确指具体的对象，但是都对于君王而言是肯定的。也就是说，《商君书》的思想，原本对于君王才有意义。其他人即使认同这个思想，也没有实行的可能。

当然，后人所重视的是其中的法治思想和规则，把它当作集权主义、专制主义的代表作来读了。要点主要有：

（一）革新变法。这是商君思想的出发点和归结点，也是早期法家的思想重点。在《更法》篇中，商君明确阐述了扬弃传统、变革创新的思想。其强调社会历史是不断发展的，政治制度要与之相适应；要达到政治目的，必须变法。《开塞》篇还考察了不同历史阶段的特征，指出在战国时期，唯一可行的治国道路是实行法治。"圣人不法古，不修今。法古则后于时，修今则塞于势。"就是说：不能效法古代，也不能局限于现状。效法古代就会落后于时代，局限于现状就会阻碍形势发展。商君学派的观点很明确：只有变法革新，才能使国家富强兴盛。

（二）愚民弱民。愚民是为了弱民，弱民是为了易于管理。这是法家社会管理思想的要点。商君学派认为，民众"朴壹"（《农战》），愚昧无知，就会下意识地服从法规，服从管理，这样国家才能够富强。民众若有了个人尊严和社会地位，会对君王有异议，国家意志就不能统一。所以《弱民》说："国强民弱。故有道之国，务在弱民。"《定分》说："民愚则易治也。"这一点，最被后人所批判。

（三）重视农战。这是实现思想目标的路线，也是政策大纲。在小农业社会里，农耕是富裕之本。同时，又为战争提供物质基础，也是攻战之本。农战结合才能国富兵强，所以《农战》说："国待农战而安，主待农战而尊。"《壹言》说："上之尊农战之士。"君王考虑问题，要把农业生产和对外战争放在首要地位。因为农耕和战争最苦，"民之外事，莫难于战"，"民之内事，莫苦于农"（《外内》），所以要"勉农""必农"（《垦令》），"边利尽归于兵，市利尽归于农"（《外内》），奖励政策向农战倾斜。

（四）赏罚并重。商君学派已经把赏罚当作最重要的监管手段，以此来迫使、激励臣民从事农战。相比较，罚的手段更常用，"重罚轻赏"（《去强》）。他们提倡严刑重罚，甚至"重刑而连其罪"（《垦令》），一人犯法，相关人都受牵连。该特别注意的是，他们还以为，严刑重罚有威吓作用，能起到"以刑去刑"（《去强》）的作用，实际上是关爱民众。这依然有儒家传统的思想因子。

（五）排斥儒术。这是"愚民"思想的组成部分。商君学派认为，儒家重视礼义教化，有害农战，严重阻碍国家富强的大业。《农战》篇说："豪杰务学《诗》《书》，随从外权，要靡事商贾，为技艺，皆以避农战。民以此为政，则粟焉得无少，而兵焉得无弱也。"《去强》篇还激烈批判儒家传统，指出国家提倡礼乐、《诗》、《书》，"上无使战，必削至亡"。由此否定传统儒家的教化理论，主张"置主法之吏，以为天下师"（《定分》），以吏为师。这里可见法家与儒家在政治路线上的尖锐对立。

（六）抑制商业。与重视农战相关，是压制商业利润，使商业活动不受欢迎，从而贬低商人地位。所以《垦令》说："无裕利，则商怯。""重关市之赋，则农恶商。"这个政策与管子学派"以商辅农"的思想迥异。

三

《商君书》的兵学思想，是其法家思想的重要组成部分。从军事学的角度看，自然不如《孙子兵法》有价值。但是它有一个特点，就是把政治和军事统一起来，主要的军事观点都与政策相关，可谓政治军事学。要了解《商君书》的思想特质，这方面的内容也不能忽略。其中重要的有：

（一）强调政治是军事成败的决定性因素。《战法》篇说：

"凡战法必本于政胜。"这是关于政治乃军事基础的经典表述。克劳塞维茨曾说"战争无非是政治通过另一种手段的继续"[1]，是从另一个角度阐释两者的关系。另外，"政不若者勿与战"，也指出政治对于军事的根本性意义。"若其政出庙算者，将贤亦胜，将不如亦胜"，更极端地强调了政治的决定性作用。

（二）建立战争状态的国家体制。即国内的行政体系和政策根据战争的需要而设置。《境内》对此有具体记载，包括（1）户籍政策："丈夫女子皆有名于上，生者著，死者削。"每个人都登记在册。（2）军事编制：例如"五人一屯长，百人一将"。（3）奖罚制度：例如"百将、屯长不得，斩首"。百将、屯长在战场上没有斩获敌人首级，是要被杀头的。还特别制订了"连坐"法："五人来簿为伍，一人羽而轻其四人。"就是五人编为一个名册，有一个人逃跑，就刑罚另四个人。《画策》也记："行间之治，连以五。"将五个人编成一伍，实行"连坐"法。

（三）制订全民都城防御的方略。当时的"国"，相当于城，保卫都城就是保卫国家。在都城保卫战中，全国动员、全民皆兵。其中的措施之一，是设置三军："壮男为一军，壮女为一军，男女之老弱者为一军。"（《兵守》）

（四）提出基于政治的作战原则。例如出兵的条件，首先是建立法制，形成遵守法制的习惯，并且准备好装备，即"错法而俗成，而用具。此三者必行于境内，而后兵可出也"（《立本》）。再如统一奖励标准和方式，"务在壹赏"（《算地》），"壹赏则兵无敌"（《赏刑》），也与政策一致。

---

① 克劳塞维茨：《战争论》（第一卷），中国人民解放军军事科学院译，商务印书馆 1991 年版，第 43 页。

上述可知，早期的法家和兵家两位一体。这在政治上造成军国体制，在军事学上则尚未成熟。不过从另一个角度说，政治军事学作为独立的领域是始终存在的，《商君书》的这几篇算得上经典。

《战法》篇还记载："故兵法：'大战胜，逐北无过十里。小战胜，逐北无过五里。'"这是关于春秋战争的史料，可与《司马法》等互证。

四

从上述观点，可概括商君学派的基本思想：

（一）政治观，以国家富强为本。"富"和"强"是国家力量两个方面的表现，是互相促进、缺一不可的。没有"富"，"强"没有基础；没有"强"，"富"也没有保障。要实现这个政治目标，基本的国策是一民于农战，因为农业活动可以致富，对外战争可以强大。而这个国策的关键在于"一"，就是绝对一律的实施。如何做到"一"呢？以严酷的法，用奖罚两个手段。

（二）社会观，强调法规至上。在商君学派的认识中，其实是没有社会的概念的。他们只有国家，没有社会；当然更没有个人。所有的一切都是属于国家的，都在君权的统摄下。这里所说的社会观，只是从当代需要出发的一个视角。由此能发现，"一"既是国家政治的绝对要求，也是社会管理的绝对原则。他们管理社会，首先是制定法规，随后公布，再坚决执行。

（三）历史观，认为是不断发展的。商君学派认为，不同时代有不同的社会要求，应该根据当时、当地的需要来制定政策，不能故步自封。他们不否定尧舜曾经的历史贡献，但是认为已经过时了，对传统文化持简单化的否定态度。

（四）认识论，是极端功利主义的。商君学派对于政治、历史的认识，都是从物质和社会利益出发的。他们认为，凡是能获得利益的，都是好的。而且利益要多，要快速得到。他们排斥儒术，就是认为倡导儒术，会"避农战"（《农战》），"上无使战，必削至亡"（《去强》）。提倡"愚民"，是以为这样才不会有反对意见，更有效益。

在这些政策背后，是两种文化精神：（1）功利理性，（2）理想主义。否定儒家传统，就是认为他们的思想实践不合时代需要，应该充分考虑客观条件，考虑现实的可能性。《更法》说的"当时而立法，因事而制礼。礼、法以时而定"，就是这个意思。同时又不能否认，其另外确实有理想主义的东西。例如，认为"法"的实践能够达到"仁"的境界，"以刑去刑，刑去事成。……故能述仁义于天下"（《靳令》）。再如，认为只要法规公正，官吏都会遵守，"法平，则吏无奸"（《靳令》）；只要运用"法"的方式去治理，国家必然富强。

理论上，理想主义和功利理性是可以统一的。理想指导着理性的方向，理性的实践则可以获得效益，并一步步走向理想。但是在商君学派中，因为落实在君王身上，事实上为了专制利益，所以只是一个矛盾的结合体。

五

与其他诸子比较，《商君书》的思想容易理解。但是仔细阅读，也会发现一些不统一的地方。这个问题其实很好解释。因为《商君书》也是一个学派的著作，后学的思想有了变化。

上面已经介绍过，法家学派的早期思想是以国家富强为目标，以重视农战为基本政策，强调法规建设的重要性，否定伦理文化的价值。后学一方面对此做了具体的阐释，例如在"农"方面，对土地耕种有具体的规定，讲"制土分民之律"（《徕民》）等。在"战"方面，阐述了一些政治军事学思想，以及作战原则。另外，还有两个方面的发展：

（一）加强"法"的实践性，建立监督制度。在执行法规制度的过程中，想必存在着有法不依、执法不严的问题。《画策》就说道："国皆有法，而无使法必行之法。""使法必行之法"，就是要制定促使法规绝对实施的强制措施。没有这个"必行之法"，以前制定的"法"就不能有效地实施。

因此，《定分》篇提出了一系列监督法规实施的"法"的制度，包括：（1）制订相应的法规制度，并公开发布；（2）建立专门的监督系统；（3）在各部门设置专职；（4）惩罚官吏的惰政和阳奉阴违等。《定分》篇认为，这样"吏不敢以非法遇民，民又不敢犯法"，就可以实现法治。这是最早的关于监察制度的思想，对中国历史影响深远。

（二）提出了君王专制的政治观，强调政治的重点应该由"法"转到"术""势"。他们认为，国家富强与否在于"法"的实施与否，而"法"的实施与否又取决于君王有没有绝对的权力和能力；因此，法治的关键在于君王要控制、驾驭臣民。《算地》说："主操名利之柄而能致功名者，数也。圣人审权以操柄，审数以使民。数者，臣主之术，而国之要也。""数"是方法方式，就是"术"。"操名利之柄"，就是利用臣民求名利的心态，操纵并控制他们。《禁使》还说："凡知道者，势、数也。故先王不恃其强，而恃其势；不恃其信，而恃其数。"把"术"和"势"的认识提到"道"的高度，认为是政治的本质。

一些学者认为，《商君书》提倡专制统治，是两千年中国历史黑暗的开端，当是依据这一派后学的观点说的。这当然有证据。但是我们也得注意到，专制的思想只在《算地》《禁使》两篇中作为重点阐述过，其他二十二篇，着重讲的是如何实现国家富强，不乏理想主义色彩。以国家富强为本，是否必然异变为以君王专制为本？从历史的事实看是这样。从理论上分析，只要属于人治，法治也是必然趋向术治的。但是，在商君学派的主流思想中，两者不是一码事。

六

商君学派有理想主义色彩，应该与从儒家转折过来有关。这一点也很重要，有助于理解《商君书》的思想特质。

据《论语》可知，那个时代，"法"的观念已经产生。孔子也没有一概否定，例如对于管子，就有"如其仁"（《宪问》）的称许。他的弟子冉有，为季氏改革赋税，其实已经有法家那样的思想倾向，所以被孔子斥为"非吾徒也"（《先进》）。

早期的法家人物，基本上受过儒家传统教育。据《史记》所记，吴起"尝学于曾子"（《吴起列传》）。商君求见秦孝公，起初也有"比德于殷周"的理想，并非只学过"刑名之学"（《商君列传》）。可见法家从儒家转折而来合乎历史事实。

从《商君书》中，儒家思想的留存也到处可见。例如《更法》篇："法者所以爱民也，礼者所以便事也。"讲"法"，与"爱民"联系在一起。还讲到"礼"有"便事"的社会功效。《错法》篇："德明教行，则能以民之有为己用矣。"讲"德"，又讲"教"。《修权》篇："国之所以治者三：一曰法，二曰信，三曰权。""信者，君臣之所共立也。"包括了"信"。《君臣》篇："是故有君臣之义、五官之分、法制之禁，不可不慎也。"其中有"君臣之义"。《定分》篇："法令者，民之命也，为治之本也，所以备民也。"依然有对"民"的考虑，有民本主义的思想。这些都显然有儒家的思想因素，是转折过程中留下的痕迹。

这个转折的主动力是从兵家来的。早期的法家人物，大多精于兵学。管仲曾"伐楚"（《史记·管晏列传》），吴起"好用兵"（《吴起列传》），商君也曾多次领兵进攻魏国。而更明显的，是法家精神的现实性、功利性，手段的严酷性，与兵家一脉相承。

早期的法家，就是把兵家的思想运用到了国家政治领域。兵家讲"以利动"（《孙子兵法·军争篇》），法家也功利至上。兵家对军纪的"申明约束"（《司马穰苴列传》），法家改造为绝对强制一律的国家制度。兵家讲军事法规公开，法家也说"明主言法，则境内卑贱莫不闻知也"（《韩非子·难三》）。兵家讲"能愚士卒之耳目，使之无知"（《九地篇》），法家则讲"愚民"，"民愚则知可以王"（《开塞》）。

具体的政治规制，许多也从军队中套用过来。例如商君"令民为什伍"（《商君列传》），编制户口，以五家为伍，十家为什，使之互相纠察监视，就按照"行间之治，连以五"（《商君书·画策》）的治军方略。法家的官吏升迁政策，也与军功相联系，"利禄官爵抟出于兵"（《赏刑》）。

由此，法家从儒家转折出来，成为深刻影响了中国历史的重要学派。而《商君书》，是转折出来、表明法家独立的标志。《商君书》记录了商君主持的革新变法的历史内容，是留存下来的第一部法家著作，这决定了它在先秦思想史上有不可忽略的地位。

七

《商君书》在今天还有什么价值呢？可以从两个方面看：

（一）思想观点方面的。应该承认，《商君书》的不少观点，有历史的进步性，还有现实指导意义。例如国家富强的建设目标，是商君学派首先明确提出来的。商君的变法，使当时落后的秦国很快超越了东方六国。近代以来的仁人志士，也一直朝着这个方向努力。

再如国家法制建设的规划。春秋以后，礼崩乐坏，商君学派通过法制形式来管理社会，甚至有"法者，君臣之所共操也"（《修权》）的认识，无疑有进步意义。现代社会，更需要有效地管理模式，其中绝对化、公开化的制度考虑，也是有益的资源。

（二）思想形式方面的。这些思想形式，有的成了思维模式，对于中国社会的影响深远。例如绝对性思维。对于具体事件的认识，不考虑特定条件、偶然性因素和可能产生的影响，一律遵循一般性的规定。《商君书》中多次出现的"壹"，就表现了这种思维要求。当代社会制定规则，也往往遵循这一条。其纵然有许多弊病，但是我们也清楚，这样社会管理的成本最低，许多时候不得不采用。

再如结构性思维。考虑问题时，把个别和局部纳入于整体之中，并且强调各个部门之间的结合。这种思维忽视个别性意义，有局限性，但是合理性一面也不能忽略。

当然，《商君书》的思想有很多错误。最严重的，就是"愚民"和"急功近利"的政策。"愚民"使民众缺乏创造性，离心离德，国家进步也缺乏内在的动力。而且法制的建设，因为只建立在君王一极，缺乏民众的认知和监督，也不可能真正实现。"急功近利"的政策，只考虑战争时期的军国利益，没有考虑到长远的社稷要求，必然造成"其兴也勃焉，其亡也忽焉"（《左传·庄公十一年》）的历史悲剧。

现在我们都知道，小农业文明天然地存在着血缘伦理关系，在此基础上形成了文化习俗和意识形态。国家组织只能利用它、改良它，不可能断然抛弃它。而且，国家的发展基于社会成员的发展，每个人的发展是国家发展的基础。而每个人的发展，需要国家提供空间，容许其差异性，而且给予一个时段。商君学派没有认识到这一点，只追求国家能一下子富强起来，结果就只有历史的教训了。

对于《商君书》，应该持历史的、客观的态度。一些学者从个体本位出发，持一概批判的观点，似有不周。从历史进程看，人类社会先是重视群体性，后来才重视个体性。在早期，生产能力低下，物质财富匮乏，人类只能以部落、国家这样的群体组织形式生存。那时期的思想，建立在国家政治之上，强调绝对性、结构性的思维，当有合理性。

对于当代，也有意义可寻。众所周知，每个人都既有个人意志，又生活在社会群体中，有个体性和群体性两方面的需要。忽略任何一方面，都是不妥的。那些关于人权高于主权，还是主权高于人权的讨论，当然有当下性的意义。但是，从理论上说，是伪命题。因为国家是有组织结构的最大群体，这个群体的存在需要主权。对于每一个人，都既要有人权，又希望国家主权的存在，两者不矛盾。需要讨论的，是两者如何统一的问题，而不是得出谁高于谁、哪一个更重要的结论。因此，国家的立场不能忽略，我们不能从一个极端走向另一个极端。

概之，《商君书》的法治主义，以国家的富强为目标，讲法规至上，在非道德的手段背后还有一层理想色彩。这里面的合理性考虑，也是当代的思想资源。

八

《汉书·艺文志》著录："《商君》二十九篇。"《诸葛武侯集》中始有《商君书》之名，《隋书·经籍志》又称《商子》。郑樵《通志·艺文略》、晁公武《郡斋读书志》说"今亡三篇"，陈振孙《直斋书录解题》说"今亡其一"，可能是他们所见的版本不同。

现有二十六篇，其中两篇有篇目而无内容。另《群书治要》卷三十六引《商君书·六法》中一段，实存二十四篇半。

初读《商君书》，可选高亨《商君书注译》、贺凌虚《商君书今注今译》。山东大学《商君书》注释组《商君书选注》也精要好读。"文革"时期，整理出版了若干法家著作。出于名家之手，深入浅出。

假如做研究，蒋礼鸿《商君书锥指》、郑良树《商鞅及其学派》、张林祥《〈商君书〉的成书与思想研究》可参读。

《公孙龙子》

公孙龙（约前320—前250），字子秉，战国时期的赵国人。生平不详，据《史记·平原君列传》记，做过平原君的门客。他是先秦名家的代表人物。

《公孙龙子》现留存六篇。一般认为后五篇是他的著作，其实也有后学的缀入。先秦名家的著述只有这部留下来，其他的零碎散落在各家著作中，数量很少。它在清中叶前不受重视，近现代受西方逻辑思想的影响，成为研究的热点之一。

一

读《公孙龙子》，首先该清楚，它主要讲的是个人直觉认识的问题，与逻辑理性无关。近代以来，学界主流用逻辑理论去解释，就文本来说，明显读错了。

我们来看其中的"白马非马"和"坚白石二"两个命题。

"白马非马"在《白马论》篇中，原文是这样的："马者，所以命形也；白者，所以命色也。命色者非名形也。故曰：'白马非马。'"译成白话是："马"是用来表示形体的，"白"是用来表示颜色的。表示颜色的不是表示形体的。所以说："白马非马。"很明显，"白马"是两个认识对象，是"白"和"马"；不是一个认识对象。严格地说起来，"白马"之间应该标上顿号。两个认识对象不是一个认识对象，"白马非马"的命题也就可以成立。而把"白马"分开来的认识，必然是从主观出发的，是直觉性的。假如从客观对象的特征出发，是客观性的认识，那么"白"和"马"是统一在一起的，只有"白马"一个对象。显然，"白马非马"是一个基于直觉的命题。

"坚白石二"的命题，直觉性的特征更显而可见。《坚白论》说："无坚得白，其举也二；无白得坚，其举也二。"意思是说：（对于坚硬的、白色的石头）没有直觉到坚硬就直觉到白色，所举的有（关于白色和石头）两个直觉；没有直觉到白色就直觉到坚硬，所举的也有（关于坚硬和石头）两个直觉。这个"二"，指直觉无疑；因为客观对象是一块坚硬的、白色的石头，即"坚白石一"。为什么"坚白石"分离成两个直觉认识？因为"视不得其所坚而得其所白者，无坚也；拊不得其所白而得其所坚，得其坚也，无白也"。就是说：手触觉到"坚石"时，"白"没有被直觉到；目视觉到"白石"时，"坚"没有被直觉到。这里所强调的、所表达的，都关于直觉。

我们都知道，从经验认识出发，只有"坚白石一"。假如从语言分析入手，也可以是"坚白石三"。《公孙龙子》反对"坚白石一"和"坚白石三"，就是认为只有直觉才是真实的。这与"白马"包括"白"和"马"两个直觉的理由一样。

由此可知，《公孙龙子》讲的是直觉认识的问题。"实"是瞬间直觉所及的对象，"名"是对"实"的直觉认识，"名""实"关系是直觉对于所及对象的表达。

一百年来，从逻辑学、语言哲学等角度的解读，把"白马""坚白石"都视作一个对象，一个概念，接下去的分析必然游离了《公孙龙子》本旨。这样的阐释当然有意义，至少促进了逻辑思维的中国化。但是，基于误读之上也是显然的。

二

对于《公孙龙子》讲直觉这一点，我们不该有惊异，以为是奇谈怪论。

直觉原本就是每个人下意识都具有的；是不被意志控制，不经过分析推理，具有迅捷性和直接性的认识能力。大家知道，每个人的经验活动都在时间的过程中，在某种经验中，某一特定的时间（瞬间）会产生某一直觉。对于个人来说，这种直觉是绝对真实的。

我们举一个例子。一个看到过玻璃，但是从没有看到过冰冻的热带人，第一次看到一块冰时，只会直觉到晶莹这一点。那时候，冰冷的属性存在，但是他感觉不到。当他用手触摸到冰块，才有冰冷的直觉。对那时候的他来说，晶莹与冰冷是分离的，是两种直觉，两种真实的体验。《公孙龙子》讲的就是这样的直觉认识。

在西方，也有类似的理论，例如古希腊的普罗塔哥拉也这样阐释过。文班尔班介绍说："每一个人不是按照事物的本来面貌去认识事物，而是按照呈现在他那一瞬间的感觉（只是他一个人的感觉）去认识事物。并且在这一瞬间，对于他来说，事物是像他对他自己表述的事物那样。"①可见无论东西方，开始讨论认识的问题时，就重视直觉的形式和功能。

另外还该清楚，《公孙龙子》讲的直觉有"离"的特征。在《公孙龙子》看来，每个人的直觉都是独立的，相互间是分离的。对于"白马"，"白"的直觉和"马"的直觉是分离的。对于"坚白石"，"坚石"的直觉和"白石"的直觉也是分离的。而且，即使同一个人对于同一对象，在时间的过程中，直觉也是分离的。"离"是直觉的本质，也是直觉的必然。

直觉是个人性的、特定性的，原本只对于个人有意义。认识的发展需要在群体中获得认同，因此就把直觉当作特定的经验认识，归类并找出共同性的内质，这样由经验认识发展到了理性认识。但是《公孙龙子》没有走向这一步，它固执地停留在直觉的世界里，深入到"离"的层面，描述其直观性。

学界一般认为，公孙龙属于名学的"离坚白"一派，这是对的。当然，还应该注意到，其基础是"离"，"离"是在直觉中才发生的。《公孙龙子》讲的"名""实"关系，只是直觉对于其涉及对象的表达；这种"名"的表达，自然呈现为"离"的状态。

因此理解《公孙龙子》的思想内容，两点最关键：（1）直觉性；（2）"离"。

直觉性的特征，已有前人指出过。例如金受申说："《公孙龙子》之旨，殆欲表现'直观'。"②杜守素说："公孙龙通过感

---

① 文班尔班：《哲学史教程》，罗达仁译，商务印书馆2013年版，第128-129页。
② 金受申：《公孙龙子释》，商务印书馆1930年版，第1页。

觉去分析'坚白石'。"[1]可惜学界主流未曾重视。

三

《公孙龙子》六篇：《迹府》《白马论》《指物论》《通变论》《坚白论》《名实论》。其中《迹府》是后人记录的有关他的事迹，对于了解他的生平和思想特质有价值。另外五篇有后学的缀入，但主要为他的著作，是他的思想表达。

《白马论》提出"白马非马"的观点，认为"马"是关于"形"的直觉认识，"白"是关于"色"的直觉认识，"白马"是对于"白色"和"马形"的复合直觉。关于"马形"的单一直觉，不同于关于"白色"和"马形"的复合直觉，因此也就"白马非马"了。从这个观点可知，复合直觉和单一直觉都是独立的，都在各自的特定时空中存在，相互间只有时间前后的关系。

《指物论》提出"指非指"的观点。他说："物莫非指，而指非指。"前两个"指"是指称认识，后一个"指"通"旨"，就是客观旨义。意思是：万物没有不能被指称的，但是所指称的不是万物原本客观存在的旨义。这指出了认识（即直觉认识）的有限性，而且对认识对象与客观存在作了区别。随后又说："不为指而谓之指，是兼不为指。"意思是：本质上不能认识指称但作了认识指称，这是兼称，不是把握了本质的认识指称。"兼"，释为兼备、合并，引申为笼统、一般的意思，是不得已而又约定性的一般表述。这是对经验概括性认识的评述和批判。

《通变论》提出"二无一"的观点。"二"如《白马论》中

---

[1] 杜守素：《先秦诸子思想》，生活·读书·新知三联书店1949年版，第95页。

的"白"和"马"，或者《坚白论》中的"坚石"和"白石"，是各个独立的单一直觉。"一"如"白马""坚白石"，是复合的直觉认识。"无"是说两个单一直觉，不是另一种复合直觉。这样否定了个人直觉认识结累后质变为一般认识的可能。每个人的直觉都是独特的，那么在群体活动时这类直觉认识如何通约呢？因此又提出了"合"的原则，就是把那些特定的直觉认识统合起来。举例说："谓鸡足一，数足二，二而一故三。"在"鸡"的形旁"鸟"中直觉到一只脚，在实在的鸡中又直觉到两只脚，两只加上一只，统合起来，就是"鸡足三"了。"鸡足三"包括了"鸡足一"和"数足二"两个直觉，都给予了肯定。（这个"合"的认识，可能是后学的补入和发展，下文再介说。）

《坚白论》提出"坚白石二"的观点。认为对于一块"坚白石"，从直觉上讲有"坚石"和"白石"两种。当手触觉而感到坚硬时，只是关于"坚石"的直觉，"白"没有被直觉到；目视觉到白色时，也只是关于"白石"的直觉，"坚"没有被直觉到。接着还指出这种感觉分离的状态，是因为对象在那瞬间没有被直觉到，好像被藏了起来。"得其白，得其坚，见与不见离。不见离，一一不相盈，故离。离也者，藏也。"意思是：或者获得白色直觉，或者获得坚硬直觉，显现出的与没有显现的就是分离。即某一要素与另一个要素不一同显现，就是分离。分离开的（即没有被直觉到的），就是自存隐藏的。

《名实论》认为，认识只是主体与主体所及对象的关系，并非对于客观对象而言。"其正者，正其所实也；正其所实者，正其名也。""实"只是涉及的对象。"所实"是认识所及对象，"名"是认识完成的显现，并非普遍理性的概念。"名"与

"实"的关系，也就是认识对于其对象的显现，不是主观对于纯客观实在的关系。"正"则是关于认识对象的把握。

许多学人认为《白马论》《坚白论》最重要，这有道理。因为这两篇明确提出，直觉所认识的对象是分离的。历代认为公孙龙子属于"离坚白"一派，就是基于此。

不过，我们不能忽略《指物论》《通变论》《名实论》对于名学理论的贡献。三篇各有侧重：《名实论》阐述"名"与"物"的关系，强调主体性的要求。《指物论》介说直觉认识（"指"）的特征，指出其不能客观全面地涵盖对象（"物"）。《通变论》从时、空关系上对"名"作了再讨论，涉及"类"和功用的问题。

四

几乎所有人都觉得《公孙龙子》难读。这除了有错简的原因，另外还有两点：

（一）直觉的问题难以理解，也很难讨论。在日常生活中，直觉往往是一种不可靠的认识，不能指导经验活动，对此也就比较忽略。其他诸子的特定性表达，都在经验的范畴内，只是经验对象的不同而已。而《公孙龙子》的直觉，不讲对象的特定性，只讲刹那间经验（直觉）的特定性，是另一种极端的特定性。与其他诸子不同，就不好理解。

（二）有后学的补入，观点不是很统一。第一篇《迹府》为后人所作，学界无异议。后五篇假如说为公孙龙著述，那么也有后学的补入。公孙龙个人的思想或有发展，后学的补入也有不同的意见，这些在文本中都有痕迹可寻。准确说来，《公孙龙子》是公孙龙学派的思想表达，也有思想的流变性。名学理论原本就艰涩，若再误当作一部个人的系统著作来读，自然会更加不解。

有关直觉认识的极端性表达，上面已经介说过。这里讨论流变性的问题。

公孙龙个人的思想有否发展？从《名实论》与另外《白马论》等四篇的思想差异看，应该是有的。《名实论》讲："名"与"实"的关系，是认识对于其对象的显现。这只是强调了认识的主观性要求，还没有进入直觉认识的领域。春秋末以来，普遍有"名""实"相副的思想，《名实论》在此基础上做了理论发展，指出相副与否基于主观认识的结果，这只是为后来发展到直觉主义开辟了道路。到了《白马论》等四篇，则明确提出了直觉认识的理论。

至于后学的补入，在《通变论》《坚白论》中很明显。这两篇是对话体，由一组"曰"开始的对话组成。其中不是"曰"开始的大段语句，与全篇体例不合，应该为后学的补入。这通过意义分析也可证明。

《通变论》没有"曰"开始的有两大段。一段说："谓鸡足一，数足二，二而一故三。谓牛羊足一，数足四，四而一故五。"这是以惠施为代表的"合"的观点（具体下面介说），与公孙龙"离"的思想相对立，应该为后学补入。又说："材不材，其无以类，审矣！举是乱名，是谓狂举。""材"指实用方面，"狂"是狂妄、狂乱的意思。这是从实用需要出发否定直觉认识的价值，是后学的观点无疑。

另一段在"不害其方者"以下，讲到"各当其所"，"君臣之于国"，意思是：分离的双方各在它适当的位置上，像君王和大臣在一个国家里。这是把"离"的认识运用到政治领域，是后学的解释发挥。又讲到"木贼金"，用"五行相克"说来阐述，也是后学的解释发挥。

《坚白论》结尾也有一大段："且犹白以目、以火见，而火不见，则火与目不见而神见。神不见，而见离。"意思是：白色是通过眼睛、光线被感觉显现出来的，但是感觉显现出来的时候，眼睛和光线不会被感觉显现出来。眼睛和光线没有被感觉显现出来，但是神思感觉会显现出来。当神思也没有被感觉显现出来，那就是"离"的状态了。这是描述"离"的直觉形态，也是进一步的认识。最后说："神乎！是之谓离焉。"更明显是对于上文的直觉认识理论的褒赞。

这些说明《公孙龙子》的思想也具有流变性。我们顺着流变的路线去阅读，才能理清它的思想内容。

五

讲直觉认识的，还有《庄子·天下》篇的"十事"和"二十一事"。这些也是关于名学的资料，吉光片羽，弥足珍贵，也了解一下。

"十事"是惠施的十个命题：（1）至大无外，谓之大一；至小无内，谓之小一。（2）无厚，不可积也，其大千里。（3）天与地卑，山与泽平。（4）日方中方睨，物方生方死。（5）大同而与小同异，此之谓"小同异"；万物毕同毕异，此之谓"大同异"。（6）南方无穷而有穷。（7）今日适越而昔来。（8）连环可解也。（9）我知天之中央，燕之北、越之南是也。（10）泛爱万物，天地一体也。

这"十事"的意义可分为三组：第一组有（9）（10），讲个体直觉认识的绝对性。例如"我知天之中央，燕之北、越之南是也"，是说"我"在"燕之北、越之南"，以"我"的直觉，这里就是"天之中央"了。"知"，是直觉认识，所以凭这个"知"就下这样宏大的结论。（2）为第二组，讲"离"的个体直觉。这个命题的意思是："无厚"是"面"（平面），直觉到平面时，即使"其大千里"，这时候也没有关于"积"（体积）的直觉，它被"藏"起来了。其他为第三组，讲"合"的个体直觉。例如"日方中方睨，物方生方死"，意思是：有的感到"日方中"，有的感到"日方睨"（睨，偏斜的意思）；有的感到"物方生"，有的感到"物方死"。每一个直觉认识都是真实的，不能否定任何一个，统合起来，就成为这样的命题。

后人认为惠施讲"合同异"，是就其思想重点和对名学的思想贡献说的，并非一概论之。

"二十一事"是其他"辩者"的二十一个命题：（1）卵有毛。（2）鸡有三足。（3）郢有天下。（4）犬可以为羊。（5）马有卵。（6）丁子有尾。（7）火不热。（8）山出口。（9）轮不辗地。（10）目不见。（11）指不至，至不绝。（12）龟长于蛇。（13）矩不方，规不可以为圆。（14）凿不围枘。（15）飞鸟之景未尝动也。（16）镞矢之疾，而有不行、不止之时。（17）狗非犬。（18）黄马骊牛三。（19）白狗黑。（20）孤驹未尝有母。（21）一尺之棰，日取其半，万世不竭。

大略可分为三组。第一组有（3）（11）（15）（16），强调特定时空中的直觉的绝对性，并认为客观认识是不可能的。例如"郢有天下"，意思是：在郢地里，只直觉到郢地的存在，那"郢"就等于"天下"了。第二组有（1）（2）（5）（6）（18）（19），讲"合"的直觉认识。例如"卵有毛"。"卵"生为"鸟"，"鸟"有"毛"。"卵"与"毛"都是"名"，对应着同一个"实"（"鸟"）。这里对于"卵"的直觉和长成鸟后有"毛"的直觉，是时间过程中的对于同一个"实"的不同直觉。两者都是真实的，统合起来就形成了这个命题。其他为第三组，讲"离"的直觉认识。例如"火不热"，指作为"名"的"火"是"不热"的。就是把"火"的"名"与"实"分离开来；只是对"名"的直觉而言，脱离"火"的"实"。

六

上述的《公孙龙子》和"十事""二十一事"，都是基于个体直觉的认识。由此可以对名学做分类认识，也做一些理论分析。

名学的直觉认识，分为"离"与"合"两类。所谓"离"，是强调个体在特定时空中的直觉认识都是实在的、独立的，必须把它分离开来。所谓"合"，则是认为同一个体或不同个体的特定直觉认识都不能被否定，作为认识的结果和准则，应该统合起来。

理解"离"的直觉认识，关键是"个体"和"直觉"两点。个体在时间之中，直觉又在特定的时间之中，时间不会停止，永远在过程中，因此"离"是必然的。具体地看，有四类：（1）直觉单向性的"离"。例如"坚白石二"，直觉或单向到"坚石"，或单向到"白石"。（2）"名"与"实"的"离"，就是离"实"而言"名"。例如"狗非犬"，脱离"实"而只认识"名"，狗的"名"与犬的"名"不同，那么狗就不是犬了。（3）"私名"与"达名"的"离"。例如"目不见"，"目"若是一般性的指称，是"达名"，不可能"目不见"。但是"目"作为"私名"，从"达名"中分离出来，那么"目不见"就是某个人某时候看不见，可以成立了。（4）"名"所指称的"实"

在时间中的"离"。例如"孤驹未尝有母",看到孤驹是在那个时间,直觉中那个时间脱离了时间之流,就只有"孤驹",没有"母驹",因此说"未尝有母"。

"合"则是另一种关于直觉关系的描述。指不同个体之间的直觉,或同一个体的不同时空之间的直觉,都是真实的,都不能否定,在判定时只能用"合"的形式来表达。"合"较之"离"有发展,"离"只是强调单一个体直觉的绝对性;而"合"发展到考虑不同个体的直觉,以及同一个体在不同时空中对同一对象的不同直觉的问题。

另外该注意的是,所"合"的不只是"异",还包括"同"。"同"指不同个体的相同直觉,或同一个体不同时空中的相同直觉;其作为直觉都是独立的,都该肯定,故而也统合起来。假如认为所"合"的只是"异",则忽略了"同"之中的个体直觉的独立性,会误以为"同"构成了概念,这就离开了惠施的本旨。"十事"中有"万物毕同毕异,此之谓'大同异'","大同异"是"大同""大异"。"毕同"导致的"大同",就是"合"的一种形态。

关于"合"的形态有两类:(1)关于不同个体的,例如"日方中方睨,物方生方死"。(2)关于同一个体在不同特定时空中的,例如"卵有毛","鸡三足"。这些上面已经解释过。

由此,前人把名家分为公孙龙的"离坚白"与惠施的"合同异"两派。"坚白"与"同异",是具体的命题内容,是典例。"离"与"合",是直觉认识的方式方法。

七

上述的读法,近现代以来有少数学者注意到了,但是没有作具体的认识。学界主流走的是另外一个方向，把《公孙龙子》当作一部逻辑学著作来解释。

1903年，严复翻译出版《穆勒名学》，把名学与逻辑学等同起来，开启了这条路向。那些研究认为，《名实论》介述"名"与"实"的关系，提出了"唯乎其彼此"的正名方法。《白马论》指出"白马"和"马"的概念差异，揭示了"名"的内涵和外延，论及"名"在逻辑上的种属差别。《指物论》的"物"是客观事物，"指"是事物的概念或名称；"物"与"指"的关系，也就是物质与意识的关系。《通变论》则论述局部与整体的关系。一百多年来，这种读法一直占据主导地位，影响最大。

另外，一些学者还认为是一部语言学著作，以现代语言学的视角去审视，能获得语义学、认知语言学、语言哲学等方面的启示。例如《指物论》的"物莫非指"，阐述了语言的认知功能。《名实论》"夫名实，谓也"，"名"是语言，"实"是现实，"谓"是认知。三者结合，近乎现代认知语言学的"现实—认知—语言"构架。《通变论》的"二无一"，用"二"指称"白"和"马"，或"坚石"和"白石"，用"一"指称"白马""坚白石"，可谓语言符号学的开端。

还有指出它的哲学意义的。例如，认为"指非指""指不至"的认识，与康德的"物自体"理论相似。康德说："自在的事物本身虽然就其自己来说是实的，但对我们却处于不可知的状态。"[1]《公孙龙子》所强调的直觉认识，不承认对象的客观存在，也包含了这一点。再如，认为《公孙龙子》的直觉理论和

---

[1] 康德：《纯粹理性批判》，《康德三大批判合集》，邓晓芒译，人民出版社2009年版，"第二版序"第15页。

方式，可以用胡塞尔的现象学方法论来解释。胡塞尔认为，人的意识具有单向性特征，单向意识以外的都"存而不论"，像被括号括起来了。以此来解释"坚白石二"：单向性的意识指向"坚石"时，"白"即被括号括了起来。这也很通达。《公孙龙子》用"藏"和"离"来表达，意义相近。

这些所做的是《公孙龙子》的阐释学工作。它扩展了这部著作的意义范畴，又合乎时代的需要，使汉民族的思维水平得以发展，当然也是很有意义的。

八

《公孙龙子》对于中国历史文化有贡献吗？似乎没有，其实是有的，而且还很深刻。

从表面上看，两千年来要求经验理性，要求有物质功利和社会价值，而直觉性的认识恰恰忽略这些。因此《公孙龙子》一直被否定，被判为"失人情"（《史记·太史公自序》），"负类反伦"（《列子·仲尼》），"无益于治"（《论衡·案书》）。

例如关于"坚白石"。"石"是质材，对于人类社会有用，所以是要认识的。因此《墨子·经说下》说："于石一也，坚白二也，而在石。""石"才是一个认识的对象，"坚白"是依附于"石"的两个属性。而《公孙龙子》说：直觉有"二"，"二"之间还不能统一，只是有时间过程中的连续和组合。这种"二"就没有直接的功用可言，不会产生社会效益，当然不会被那个时代普遍接受。同理，讲"指非指"，也没有什么实用意义。当认识以功利为目的时，认识的对象必然要求是客观实在的。

但是在名学史上，它的地位是不能忽略的。名学所研究的问题，用哲学化的表达，是关于认识的认识。人的认识不外乎个体性和群体性两个方面。个体性方向的发展，不免由经验的感性化而走进直觉领域；群体性方向的发展，则从实践的理性化而趋向逻辑主义。先秦名学的发展大略循着这两条路向。《公孙龙子》代表了前者，后者以《墨经》最典型。《公孙龙子》在名学史上的地位，由此可知。

在思想史上，更是有价值可寻。大家知道，先秦诸子除了热衷社会政治的主流，还有关心个人意义的支流。这些支流在当时没有主流那样波澜壮阔，但是也清澈可爱。其中公孙龙子的认识论角度，与列子从生命的角度、庄子从精神的角度一起，构成了个人意义思考的多重维度。

而且以直觉为本的认识论，纵然一直被经验理性所否定，还始终是认识活动的组成部分，对历史文化产生了深刻的影响。庄子的"吾丧我"、禅宗的"顿悟"、王阳明的"龙场悟道"，都与它关联。在文学艺术领域，直觉审美也是创作的源头之一。

它还具有现代性的意义。众所周知，直觉是个体性的，对于直觉意义的普遍肯定必然基于个体意识的普遍自觉。现在已经到了这样的时代。胡适曾说："使公孙龙很感兴趣的另一个问题，是关于个性的问题。"[1]他已经注意到了这一点。这种直觉认识，有助于修补理性的局限性，审视科技文明带来的弊端，滋润人生意义。这样看，《公孙龙子》当然是极为可贵的思想资源，不该忽略。

当然，只讲个人的直觉认识，否定经验理性，肯定是片面

----

[1] 胡适：《先秦名学史》，学林出版社1983年版，第106页。

的。每个人是个体性的，也是群体性的。在出生时，就既是一个个的个体，又与父母、家族有血缘关系，具有社会属性。个体天赋有直觉认识的能力，在社会化的过程中需要与他人的交流，需要相通共约，又逐渐养成了理性认识的能力。后者为物质和社会生活所必需，也就成为基本的认识能力。因此，我们得客观地认识《公孙龙子》的思想价值，不能像以前那样忽略不讲，也不能热捧。它的深刻性也是片面的。

九

据《汉书·艺文志》记载，《公孙龙子》原有十四篇。《隋书·经籍志》在"道家"中著录《守白论》一卷，可能就是《公孙龙子》。唐代时分为三卷，北宋时遗失了八篇。留下来的六篇，保存在明代的《道藏》中。

近代以前，有宋代的谢希深注本、明代的傅山注本、清代陈澧的《公孙龙子注》等。

近代以来注者转多，但是对它的思想特质把握不准不透，尚缺乏非常理想的注释本。金受申《公孙龙子释》、陈柱《公孙龙子集解》、谭戒甫《公孙龙子形名发微》、王琯《公孙龙子悬解》、徐复观《公孙龙子讲疏》、黄克剑《名家琦辞疏解》、李贤中《先秦名家"名实"思想探析》可参读。要认识名学的政治意义，可读曹峰的《中国古代"名"的政治思想研究》。

另外，读《庄子·天下》的"十事""二十一事"，可参读高亨《〈庄子·天下篇〉笺证》、汪奠基《中国逻辑思想史料分析》，其多有见识。

《管子》

管仲（约前723—前645），姬姓管氏，名夷吾，字仲，称为管夷吾、管子。又谥敬，称为管敬仲。齐国颍上（今安徽省阜阳市颍上县）人，春秋时期著名的思想家、政治家和经济学家，先秦法家学派的先驱。

曾被齐桓公任命为卿，尊称"仲父"。相齐四十年间，在政治、军事、财税等领域做了重大改革，而且帮助齐桓公以"尊王攘夷"为号召，"九合诸侯，一匡天下"，使齐国成为春秋时期第一个称霸的大国。

《管子》是管子学派的著作。共有八十六篇，其中十篇亡佚，实存七十六篇。有关《管子》的成书年代，有春秋说、战国说、汉代说、春秋至秦汉说等。现在比较一致的观点是并非一人一时之书。大概由战国时记载管仲遗言和事迹的稷下丛书发轫，加上管仲学派后学的论著，托名《管子》，汇集在一起，最后定稿约在西汉中叶。其内容庞杂，几乎涉及所有的领域，是一部百科全书式的著作。

一

《管子》分为八组：《经言》九篇，《外言》八篇，《内言》七篇，《短语》十七篇，《区言》五篇，《杂篇》十篇，《管子解》四篇，《轻重》十六篇。其中重要的有：

《经言》组的《牧民》篇，表达了管子的核心思想，最为重要。其提出了"仓廪实则知礼节，衣食足则知荣辱"的观点，强调经济基础对于上层建筑的重要性；提出"礼""义""廉""耻"的"四维"说，对于道德伦理有系统性阐述；提出以"法"补"礼"的政治策略：都极为精辟，影响深远。

《立政》篇，全面阐述以"法"补"礼"的政治思想和策略，开启了以"法"治国的路线。其中把国家分为"乡""州""里""游""什""伍"六级机构，建立了制度性管控的基础。还批判了墨家"兼爱"、道家"全生"等观点。

《乘马》篇，着重阐述了以"商"辅"农"的经济思想。其中"士、农、工、商"并重，"市者可以知治乱"的观点，是管子政治经济思想的进一步阐释。另外，还提出了"市者，货之准也"的商品理论，可谓卓越。

《七法》篇，阐述"兵""法"一体的思想，以及军国体制的认识，可见法家思想与兵家的渊源关系。

《幼官》《幼官图》两篇，用"五行"说来建构管子的思想体系。由"中方本图""中方副图""东方本图""东方副图""南方本图""南方副图""西方本图""西方副图""北方本图""北方副图"构成。即分为：中、东、南、西、北"五方"，"本""副"两"图"。"五方"中，"中"是核心，

"东、南、西、北"为春夏秋冬四季的政事顺序和重点。两"图"中，"本图"关于政治，"副图"关于军事，有关国家政事的两个方面。如此，构成了纵横系统。这个有中心的"五行"说在中国思想史上有重要地位。

《外言》组的《宙合》篇，把"五行"与"阴阳"结合起来，属于早期的"阴阳五行"说，在中国思想史上不能忽略。另外，其提出了"君出令佚""臣任力劳"的"无为"思想，属于黄老道家一派。

《法禁》篇，阐述十六条"圣王之禁"，强调法规至上，法规措施要有绝对性和一贯性。属于法家思想。

《重令》篇，指出"治国之器三"："号令也，斧钺也，禄赏也。"而且强调法治的基础在于君王的地位："凡君国之重器，莫重于令。""故安国在乎尊君，尊君在乎行令，行令在乎严罚。"这些已经从法治主义走向了术治主义，属于术家的思想。

《法法》篇，讲"法不法，则令不行"，也强调君王地位的重要性。特别提出了"势"的思想："凡人君之所以为君者，势也。故人君失势，则臣制之矣。"也从法治主义走向了术治主义，属于术家的思想。

《兵法》篇，为兵家思想。主要讲军队训练和兵器制造的问题，指出"利适，器之至也；用敌，教之尽也"。军队要训练有素，兵器要锋利、坚固。这些较之《孙子兵法》有发展，为研究军事史所重视。

《内言》组的《霸言》篇，讲霸权主义的理论，属于法家一派。但是强调君王专权的重要性，认为"夫权者，神圣之所资也；独明者，天下之利器也；独断者，微密之营垒也"，包含术家的思想因素。

《短语》组的《地图》篇，讲"地图之常"，讲军事活动中地图的重要性，虽然寥寥几语，在军事史上弥足珍贵。

《侈靡》篇，内容很杂。其中"兴时化若何？莫善于侈靡"一语，提出侈靡生活能够促进经济和社会发展的观点，近乎近代经济学理论，为中国经济思想史上的重要一笔。

《心术上》《心术下》《白心》《水地》四篇，分别以"心""道""水"为本体，有形而上的思考，极为重要。一般认为是黄老道家的著作。

《四时》《五行》两篇，都是把"五行"与"阴阳"结合起来，属于早期的"阴阳五行"说。是重要的思想史资料。

《区言》组的《任法》篇，讲到"圣君任法而不任智，任数而不任说，任公而不任私"，为法治至上的思想。又讲到"明王之所操者六：生之、杀之、富之、贫之、贵之、贱之。此六柄者，主之所操也"，为术治主义的观点。属于法家与术家合流的著作，也可谓法家向术家流变的表现。

《内业》篇，有"气"本体论、"心"本体论、"道"本体论的描述。这些属于形而上学思想的吉光片羽，弥足珍贵。

《杂篇》组的《入国》篇，讲"五行九惠之教：一曰老老，二曰慈幼，三曰恤孤，四曰养疾，五曰合独，六曰问疾，七曰通穷，八曰振困，九曰接绝"，为儒家仁爱思想的阐释。

《度地》篇，讲农业生产和生活有"水""旱""风雾雹霜""厉""虫"这"五害"。特别指出"五害之属，水最为大"，"除五害之说，以水为始"，是重要的水利史资料。

《地员》篇，讲"九州之土，为九十物"。把土壤分为三个等级，每个等级又分六类，共十八小类；把作物分为九十种。它是留存下来的农家学派的资料。

《弟子职》篇，讲"先生施教，弟子是则"，列述教学规程，是早期的教育史资料，属于儒家一派的著作。

《轻重》组，提出国家经济专营政策，以谷物为商品货币来操纵经济，借助文化信仰的手段牟取暴利，通过经济霸权而获得政治霸权。这些是法家思想的发展，在当代依然有意义。

二

历代不少学者认为《管子》是杂合汇集在一起的。其实，它也是一部学派的论集。所谓杂合，是后期思想对于早期思想有了发展变化。

哪些属于管子的思想，也即学派的早期思想呢？

从《经言》的名称和内容特质看，这一组应该属于管子学派的早期著作。"经"有标准性、真理性的意思，《经言》组的内容也与《左传》《论语》《史记》中的管子思想基本吻合。其虽然不大可能是管仲的遗著，但是应该属于比较原始的记录或传述，可以作为研究管仲思想的主要依据。我们根据《经言》组的记载，基本上可以了解管子的思想本旨。

《外言》组以下各篇对于管子思想的继承和阐释极多。与《经言》组一样，强调国家政治要把道德建设和农业经济作为重点，在礼制建设时吸纳"法"的精神。但是也有许多篇章对于管子思想作了转折和发展。这些转折和发展是多向的、蔓延的，呈现枝蔓流变的状态。大略梳理，至少有法家、兵家、轻重家、名家、农家、黄老道家、阴阳家等方向。这些后学思想旁取汇入，深浅不一，其中不乏卓见。可以这样说，所谓《管子》思想的构成，其实是管子学派的思想流变和组合。

那么，管子学派属于哪一家思想呢？这个问题其实容易解决：（1）看学派创始人的思想方向；（2）看学派思想流变过程中的主潮；（3）看它的历史影响。

从《管子》内容看，大量阐述了由"礼"至"法"、以"法"补"礼"的思想；有关兵家、农家、轻重家等方向的阐述，也是法家思想在这些领域的展开。而且，从战国开始，褒扬和批评管子的，都落实在"法"这一点上，都以管子为法家的先驱。由此可以结论：管子学派属于法家一派，《管子》是以"法"为本、又杂取各家观点加以发展的集合性著作。形成的时期，当在战国中期以后。

这样的学派归类认识，与对《庄子》的认识一个道理。我们不能因为"杂篇"中有《说剑》篇，就怀疑《庄子》不属于道家一派。一些学者以为《管子》是杂家著作，大概是被它的思想内容的丰富性迷惑了。没有去理清其作为学派著作的内在脉络，也就把握不了它的特质。

三

《经言》组中的管子思想，也就是管子学派的早期思想。它的特质是：（1）以"商"辅"农"；（2）以"法"补"礼"。

以"商"辅"农"，是在经济基础方面；以"法"补"礼"，是在上层建筑领域。这两点，是管子的思想创造。当然，其思想的落实点在于社会管理和政治措施，对于以"法"补"礼"这一方面更为强调，阐述得也更充分。

在那个时代，管子所继承的必然是周公制订的礼乐制度。因此《牧民》说："国有四维，……一曰礼，二曰义，三曰廉，四曰耻。""政之所兴，在顺民心。""维"原来是粗绳子，这里指维系社会的道德规则。这些显然属于西周以来民生为本、礼教至上的政治路线。当时已经有礼乐崩坏的现象，因此管子又强调："上身服以先之，审度量以闲之，乡置师以说道之；然后申之以宪令，劝之以庆赏，振之以刑罚。"（《权修》）"然后"句，就指出用"宪令""刑罚"这些法家手段来加强礼治传统。具体地看，主要有四个方面的政策方略：

（一）重视经济，这是实施礼制的基础。《牧民》说："凡有地牧民者，务在四时，守在仓廪。国多财则远者来，地辟举则民留处；仓廪实则知礼节，衣食足则知荣辱。"就是把农业经济与国家政治联系起来，指示了政治经济学的方向。另外的卓越之处，是注意到了"关市之赋"商业活动的经济和社会意义，指出"市者，可以知治乱"（《乘马》）。

（二）重视法规，这是强化礼制的效能。《经言》组反复说道："严刑罚，则民远邪。"（《牧民》）"欲民之可御，则法不可不审。"（《权修》）"正法直度。"（《版法》）强调通过刑法措施来保障礼制的有效实践。而且建立了军国体制："分国以为五乡，乡为之师，分乡以为五州，州为之长。分州以为十里，里为之尉。分里以为十游，游为之宗。十家为什，五家为伍，什伍皆有长焉。"（《立政》）这种落实到家庭、层层管控的体制提供了法规实施的基础。

（三）重视征战，这是拓展礼制的业绩。《七法》说："能治其民矣，而不明于为兵之数，犹之不可。""兵不必胜敌国，而能正天下者，未之有也。"其指出富强是治国的目标，用兵才能强大。兵家与法家一体，既表现在措施方式上，也落实于目标方面。

（四）重视"五行"，这是建构礼制的思想体系。《幼官》

《幼官图》的"本图""副图"相配、"五方"组合的结构，正是这种努力的表现。

管子学派的这些早期思想，对于西周礼制作了改造，指示了法治的方向。

四

当然，《外言》组以下更多地对于早期思想作了发展。这些发展是多向的、蔓延的，有法家、兵家、轻重家、名家、农家、黄老道家、阴阳家等派系。要全面理解《管子》的思想内容，把握其思想的流变性，借助学派分类的方法，应该最为明达。

例如，关于法家思想的展开，有《外言》组的《法禁》《重令》《法法》，《区言》组的《明法》《正世》，《杂篇》组的《七主七臣》《禁藏》《九守》《度地》，《管子解》组的《明法解》等。其中又各有侧重：

（一）强调法规的绝对至上。《法法》篇说："法者，民之父母也。"《禁藏》说："法者，天下之仪也。"《明法解》还说："合于法则行，不合于法则止。"这些已经忽略了礼制的价值意义。因此《任法》又说："所谓仁义礼乐者，皆出于法。"《法法》也说："不为爱民亏其法，法爱于民。"把礼乐传统的仁心爱民的内质也排除掉了。为了佐证法规至上的现实合理性，他们提出了与时俱进的理论："不慕古，不留今，与时变，与俗化。"（《正世》）"化变者也，天地之极也。"（《侈靡》）显然，这些绝对法治主义的主张，对于《经言》组中的早期思想有质的发展。

（二）强调君王的绝对权威。《经言》所记的管子思想，保护了君王的地位和权力，但是并未绝对，还是留有贵族民主的意味。例如《牧民》说："言室满室，言堂满堂，是谓圣王。"就是说要让在场的贵族都知道，开诚布公。管子后学从实行刑法的需要出发，特别推崇君位独尊。因此强调"势"的重要性："凡人君之所以为君者，势也。"（《法法》）"法令者，君臣之所共立也；权势者，人主之所独守也。"（《七主七臣》）这是任"势"一派的思想。君位的绝对权势表现为对于法规的绝对调控，也自然要求有驾驭臣下的手段，由此就强调"术"的重要性。故而《重令》说："凡君国之重器，莫重于令。"《明法解》说："明主操术任臣下。"这些"势"和"术"的思想，较之早期思想有巨大发展。但是我们也得注意到，其还是一种公开的政治理论和措施，没有强调"藏之于胸中，以偶众端而潜御群臣者也"（《韩非子·难三》）那样的阴谋，而且也不是政治的目标所在。此可谓是"法"思想向"术"思想的过渡。

（三）对于行政体制的规划。管子建立了军事化的政治行政体制，《立政》篇划分为乡、州、里、游、什、伍六级。《外言》组以下继承了这种军国体制，但是有不同的规划法。《小匡》另外设计为"参其国而伍其鄙，定民之居"，对于城、乡居民作"参其国"和"伍其鄙"的不同编制。其基本单位也都是六级（家、轨、里、连、乡、帅，或家、轨、邑、率、乡、属）。这种设计注意到了城乡之间的差别，较前更周全。

这一派的发展，以"法"代替了"礼"，健全了法家思想。管子学派对中国文化历史发挥的贡献，法家一脉最为助力。

五

《经言》组中有以"商"辅"农"的思想，"市者，货之准也"，"士农工商"（《乘马》）并重即是。后学有一派对此作了发展，主要在《轻重》组十六篇。另外，《短语》组的《侈靡》篇、《区言》组的《治国》篇若干片断也有论及。这一派称为轻重家，相当于现代的经济学家。其主要贡献如下：

（一）发展出了以商业经济为立国之本的思想。《经言》也强调商业活动的重要性，但是还处于辅助的地位。《乘马》中，"市"是"五者"之一，"商"在四业之末。而在《轻重》诸篇中，商业经济被提到立国之本的地位。其认为，以税赋为国家财政收入是下策，通过商业活动来谋取才为上佳。所谓"轻重"，就是通过商业手段增加国家财税收入，即"还谷而应谷，国器皆资，无籍于民"（《匡乘马》），"不籍而赡国"（《山国轨》）。由此还带出了消费促进经济的观点，即"侈靡"说。《侈靡》记："问曰：'兴时化若何？''莫善于侈靡。'""市也者，劝也。劝者，所以起。本善而末事起。"即强调市场能促进经济的发展，从而又带动农业和工商业的兴旺。这个观点在小农业经济社会是石破天惊的。

（二）提出国家统制经济的政策。从商业立国出发，就要求国家利用绝对权力调控一切商业活动。其中影响最大的，是盐铁专营政策。国家专营盐业和铸铁业，赢得暴利，从而获得财税收入。《海王》"官山海"、《山国轨》"盐铁之策"，就是介绍这个经济政策，这开创了中国经济史上的专卖制度。另外，还运用国家机器做文化宣传以增加经济收益。《山权数》的"御神用宝"，通过祭祀形式使之成为宝物，有文化的附加值，从而提升其经济价值。这大概是最早的文化品牌意识了。

（三）运用"谷"的商品货币功能。谷物是最重要的生活需要品，操纵谷物，可使之具备商品货币的功能。《国蓄》说："凡五谷者，万物之主也。谷贵则万物必贱，谷贱则万物必贵。

两者为敌，则不俱平。""主"是指作为商品货币的"五谷"可以调控其他物品的价格。"敌"是反比关系，随涨而跌。因此《山至数》说："人君操谷币金（准）衡，而天下可定也。""谷币"是功能并列的组合词，"谷"就是"币"。

（四）通过经济手段获得国际霸权。就是以欺诈性的贸易，控制别国的经济命脉，从而掌控其政权。"谷"作为小农业社会最重要的经济物资，可以在国际贸易中充当霸权工具。敌国的"谷"完全依赖于我，就是我控制了敌国的经济和政治命脉。《轻重戊》的"莱莒之谋"，就是大国兼并小国的策略，其妙处在于运用"谷"这一经济物资。《轻重丁》的"石璧谋""菁茅谋"也是运用"谷"的经济侵略手段兼并小国。众所周知，在那个时代，都是先军事霸权，再政治霸权，然后经济霸权，以获取最大利益。《轻重》篇则设计了另一种通过建立经济霸权而达到政治霸权的途径，这对于现代的启迪意义显而易见。

《轻重》组中，《匡乘马》至《国准》各篇，阐述国内经济政治。《轻重甲》以下四篇，主要关于国际经济政治，讲国际霸业。末篇《轻重己》，讲农业经济与祭祀组织。

六

用法治的精神和手段来改造礼制，历史已证明其卓有成效。但是，对于其理论的合理性，也就是政治的指导思想问题，《经言》组没有回答。《外言》组以下，管子后学的一派在法家学说的基础上吸纳老子思想，在这个方向做了理论展开。这就是汉初大盛、后代依然津津乐道的黄老道家学派。这个思想在《短语》组的《心术上》《心术下》《白心》《势》，《区言》组的《内业》有集中的表达。另外，《区言》组的《任法》前半篇、《轻重己》的若干片断也有涉及。其认为：

（一）现实实践要因循时代的需要。这在管子后学中称作"因"。"因"就是因顺、顺从。《宙合》说："取与之必因于时也。"《心术下》说："圣人因而财之，而天下治。"都是讲"因"的思想。因此司马谈《论六家要旨》说："其术以虚无为本，以因循为用。……有法无法，因时为业；有度无度，因物与合。故曰圣人不朽，时变是守。虚者道之常也，因者君之纲也。"也强调道家的实践原则在于"因"。以"道"来指导社会政治，就是"因时为业"，"因物与合"，只要合乎"用"的需要，"有法无法""有度无度"都可以。

（二）现实实践在天道规律的指导下。"因"，必然因顺于"道"。现实实践的原则是以"法"为本，法规至上，即"道"的表现。故而《心术上》说："事督乎法，法出乎权，权出于道。"《君臣上》说："道也者，万物之要也。为人君者，执要而待之。"《轻重己》也说："圣人因而理之，道遍矣。"如此，就吸收了《老子》"道"的思想，使原本实践层面的法家思想提升到了形而上的高度。这一方面可认为是法家思想发展的新阶段；另一方面，也可视作道家学派的新拓展。

（三）现实实践的形态是君无为、臣有为。在"法"的实践中，臣民皆循法行事，具体作为。而君王虽然掌控一切，"无不为"，但是表现出来的是"无为"。《宙合》说："君出令佚，故立于左。臣任力劳，故立于右。"即指出这一点。因此司马谈以"无为而无不为"来概括黄老道家政治的实践形态。这里要注意的是，君道"无为"建立在法规制度的完善之上，是对法治的一种理想化描述，并不包涵"术"的成分。"术"作为君王的御臣手段，在实践中不可避免，但是在黄老道家的理论本旨中是被忽略的。

黄老道家的思想曾经在汉初大放光彩，对于历史有深刻的影响。但是其著作散落各处，所存无几，《管子》中的这几篇格外被学界重视。

七

管子学派在阐述政治经济问题的合理性、必然性的过程中涉及了本体论。这些思想成果都出现在《外言》组以下，也是管子学派思想发展的表现。概括起来，主要有四个内容：

（一）"水"本体论。《经言》组重农，故而重视水利建设。《幼官》的"五行"有"行秋政，水"，已是对于水的抽象认识，但是尚未认作为是一种根本性的存在。而在《短语》组的《水地》中，"水"被认为是生命的本源："人，水也，男女精气合，而水流形。"被作为万物之本来认识："故曰水者何也？万物之本原也，诸生之宗室也，美恶、贤不肖、愚俊之所产也。"而且，以"水"为世界万物的价值准则："是以水者，万物之准也。"如此，形成了"水"本体论的观点。

（二）"气"本体论。《经言》组的《幼官》篇已经讲到了"气"：中方"治和气"，东方"治燥气"，南方"治阳气"，西方"治湿气"，北方"治阴气"。这尚与季节性的气候有关，着重于自然与社会政治、经济生活的关联，只是局部性的经验概括。《外言》组以下，除了对"气"作"道血气"（《中匡》）、"宽气而广"（《内业》）的治气调心方面的发展，另外向本体论方向抽象发展。《内业》说："精也者，气之精者也。气，道乃生，生乃思，思乃知，知乃止矣。"这里，"精"属于"气"的内质，"道"则是"气"的表现，随之才有"思"

和"知"的认识活动。如此,"气"为世界的根本存在。因此又说:"是故此气也,不可止以力,而可安以德;不可呼以声,而可迎以音。敬守勿失,是谓成德,德成而智出,万物果得。"这样以"气"为生命与自然的本质存在,既解释世界的本源,又用来说明人的精神和智慧的来源。

(三)"心"本体论。《经言》组讲到的"心"都是心理、政治意义的,《外言》以下开始有以"心"为宇宙根本的认识。例如《内业》说:"凡心之刑,自充自盈,自生自成。""刑"就是"形",指存在的形式和表现。"自",表明非外在的,就是本源的。这一点在"心以藏心,心之中又有心焉"一语中更明确。"又有"的"心",是在作为生理和心理认识的"心"之后的更根本的存在。中国文化的特征是重实践性的,所谓的本体认识,也无不落实到社会政治领域。因此又说:"正心在中,万物得度。""治之者心也,安之者心也。"《心术下》也说:"心治,是国治也。"即"心"是世界万物和社会政治的根本所在。

(四)"道"本体论。《经言》组旨在现实政治实践,《乘马》"为之有道",《七法》"论道行理","道"只是现实活动的价值准则。《形势》"天之道",《幼官》"通之以道",有表达本体存在的意味,但是并未明确地阐述。《外言》组以下的本旨当然也在于现实层面,但是对于"道"的形而上存在有明确的描述。一方面,强调"道"的绝对存在,为万物的根本。例如《心术上》:"道在天地之间也,其大无外,其小无内。"《白心》:"道之大如天,其广如地,其重如石,其轻如羽。"另一方面,又强调"道"对于现实政治和人生的绝对指导意义。例如《心术上》:"道也者,动不见其形,施不见其德,万物皆以得,然莫知其极。"《形势解》:"天之道,满而不溢,盛而不衰。明主法象天道，故贵而不骄，富而不奢，行理而不惰。故能长守贵富，久有天下而不失也。"这些显然是吸收了《老子》《庄子》思想后对于《经言》中的"道"的发展。

当然，《管子》中有关"水""气""心""道"的本体论，都只是思想的萌芽而已，并没有系统周密的论证。而且概念不周，相互缠绕。例如《内业》"气，道乃生"，"气""道"一体。"心静气理，道乃可止"，又"心""气""道"交合。《水地》"人，水也，男女精气合，而水流形"，则"水""气"关联。因此，我们不能过高评价《管子》的理论水平。

八

管子学派中还有阴阳家的思想，在思想史上也卓有贡献，读《管子》时不能忽略。

《经言》组中没有"阴阳"思想，《乘马》："春秋冬夏，阴阳之推移也。时之短长，阴阳之利用也；日夜之易，阴阳之化也。"它是指天时季节，并非抽象的"阴阳"说。但是有早期的"五行"思想，在《幼官》《幼官图》篇中。上面已述，"五方"之中，"中方"是关于政治、军事活动的总要，另"四方"则为四个阶段的具体活动要求，因此"五方"不是平列的关系，而是以"中方"为主、另"四方"为辅的有核心的系统认识。从实践上看，"四方"做到了，"中方"也就实现了，两者有因果关系。

在管子后学中，《短语》组的《四时》《五行》篇，《水地》片断，《轻重》组的《揆度》片断，《杂篇》组的《禁藏》《地员》片断，对于《幼官》《幼官图》的"五行"思想作了发展。

（一）建构了无核心的"五行"系统说。管子后学对"五行"说一个方面的发展，是建构无核心的系统说。《水地》的"五量""五色""五味"，《五行》的"五声""五行""五官"，《地员》的"五粟""五沃""五位""五蘟""五壤""五浮"等皆为明证。值得重视的是，这些齐于"五"的分类，属于纯粹的物理性认识，与社会政治以及宇宙世界无关。学界周知，战国晚期邹衍的"阴阳五行"说兴盛，秦汉以后尤成为解释世界本质、宇宙规律及社会历史发展的理论模式。而《外言》以下所载，保留了原始"五行"说的另一本貌，这应该属于其学派思想形成过程中的一个环节。

（二）发展出了早期有核心的"阴阳五行"说。管子后学的发展，最重要的是以"阴阳"为本又吸收了"五行"说，把"五行"与"阴阳"统一起来，倡导"阴阳五行"说。《四时》说："是故阴阳者，天地之大理也；四时者，阴阳之大经也；刑德者，四时之合也。"其与《幼官》《幼官图》不同的是，以"阴阳"为纲，又在"四时"的阐述中加入了"中央曰土，土德实辅四时"一段。就是以"阴阳"统摄"五行"，构建了"阴阳五行"说。当然，这"五行"还是以"土"为核心的"实辅四时：春赢育，夏养长，秋聚收，冬闭藏"，五行中"土"居中，对其余四行有统领的作用。其依然保留着《幼官》《幼官图》有核心的特质，属于早期的"阴阳五行"说。

（三）开始了无核心的"阴阳五行"说。管子后学中另有把"五行"并列起来与"阴阳"相结合的认识。例如《五行》记："故通乎阳气，所以事天也，经纬日月，用之于民。通乎阴气，所以事地也，经纬星历，以视其离。"这是以"阴阳"为纲。随后又阐述到"昔黄帝以其缓急作五声，以政五钟"，"五声既调，然后作立五行以正天时，五官以正人位"，则蕴含"五行"思想。这"五行"已为平列关系，但是与"阴阳"尚无严格的对应联系，当属于早期的"阴阳五行"说。再如《揆度》记："桓公曰：'"事名二、正名五而天下治"，何谓"事名二"？'对曰：'天策阳也，壤策阴也，此谓"事名二"。''何谓"正名五"？'对曰：'权也，衡也，规也，矩也，准也，此谓"正名五"。其在色者，青黄白黑赤也；其在声者，宫商羽徵角也。其在味者，酸辛咸苦甘也。二五者，童山竭泽，人君以数制之人。味者所以守民口也，声者所以守民耳也，色者所以守民目也。人君失二五者亡其国，大夫失二五者亡其势，民失二五者亡其家。'"这里的"二"是"阴阳"，"五"是"五行"，"二五者"就是"阴阳五行"，只是尚未有秦汉以后"阴阳""五行"的对应联系。这也为早期的"阴阳五行"说无疑。

"阴阳五行"说在秦汉后很兴盛。其如何形成的？《管子》中有不少材料。

九

上述的是从管子学派思想流变的角度疏述的。许多学者像读杂家著作一样，把《管子》中的思想内容分类加以接受。如郭沫若说的，"《管子》书当分析成若干类型以进行研究"[①]。这也无妨。从研究学派思想、寻觅思想资源的需要看，这样的处理也有事半功倍的效果。

---

① 郭沫若：《〈侈靡〉篇的研究》，《奴隶制时代》，《郭沫若全集》（历史编）第三卷，人民出版社1984年版，第145页。

如此，关于政治思想，可看《牧民》《形势》《权修》《立政》《乘马》《五辅》《宙合》《枢言》《八观》《问》《正世》《治国》《立政九败解》《版法解》等篇。其为综合性的，大略在从礼治向法治发展的过程中。

关于法家思想，主要在《法禁》《重令》《法法》《霸言》《正》《任法》《明法》《七主七臣》《禁藏》《九守》《明法解》等篇。这些是先秦法家思想的经典阐述。

关于兵家思想，在《七法》《兵法》《地图》《参患》《制分》等篇。

关于黄老道家思想，在《心术上》《心术下》《白心》《势》《内业》篇有集中的阐述。另外，《任法》《轻重己》的若干片断也有论及。

关于阴阳五行思想，《幼官》《幼官图》《四时》《五行》等篇有阐述。另外，《宙合》《水地》《揆度》《禁藏》《地员》篇的若干片断也有涉及。

关于农家思想，主要在《度地》《地员》篇。

关于儒家思想，在《君臣上》《君臣下》《小称》《四称》《势》《封禅》《入国》《弟子职》篇。其近荀子一派。

关于经济思想，主要在《轻重》诸篇中。另，《侈靡》和《治国》篇也有片断论及。

关于哲学本体认识，在《水地》《内业》《心术上》《心术下》《白心》《形势解》等篇中有论及。

当然，上述只是就其重点而言。其中的内容多相交叉，自可再作辨别，各取所需。

十

《管子》是西汉的刘向编定的。《汉书·艺文志》列入"子部""道家"类，《隋书·经籍志》后列为"法家"。据巩曰国研究，在历代流传过程中，形成了宋本系统、明刘绩《管子补注》本系统、赵用贤《管韩合刻》本系统。现存最早的注文是唐代房玄龄（一说是尹知章）所作。清代戴望的《管子校正》，汇集了清以前的注释。

一般地了解《管子》的思想内容，读赵守正《管子注译》、李勉《管子今注今译》即可。

若要研究，该读郭沫若、闻一多、许维通《管子集校》，黎翔凤《管子校注》。另徐汉昌《管子思想研究》、胡家聪《管子新探》、张固也《〈管子〉研究》等，多有见解。

研究《管子》的经济思想，该读马非百《管子轻重篇新诠》、巫宝三《管子经济思想研究》等。

《韩非子》

　　韩非（约前280—前233），韩国公子（国君的儿子），战国后期的韩国（今河南省新郑）人。他有口吃，不善言辞，但是擅长著作。一般认为是先秦法家思想的集大成者，其实已经以"术"为本，从法家发展到了术家，与早期法家有本质上的区别。唐宋以前称为"韩子"。韩愈被尊称为"韩子"后，大多称其为"韩非子"。

　　他曾在荀子那里学习过。当时韩国已经很弱，他屡次向韩王提出富国强兵的计策，未被采纳。秦王嬴政读到他写的《孤愤》《五蠹》后极为赞赏，为了相见招募，下令攻打韩国。韩王原本不重用韩非，此形势下就派他出使秦国。韩非到秦国后，上书秦王，主张先攻赵而缓伐韩。李斯妒忌韩非的才能，借此与姚贾一道陷害他是间谍。韩非入狱，被下毒害死。大略生平，《史记·韩非列传》有记载。

　　《韩非子》，又名《韩子》。韩非死后，由后人辑集而成。约有十余万言，大部分为韩非自己的作品。

一

读《韩非子》，该注意两点：（1）韩非的著述，一部分已经是理论性阐述了，但是还有一部分只是对君王而言，对那个时代的君王才有指导意义。（2）有相当数量的后学著作，这些著作有的是对韩非思想的阐述，有的有所发展。

第一点涉及表达的意义范畴问题。韩非思想有否价值？若为理论阐述的，看它的合理性、深刻性与否。若对君王而言的，则看它是否合乎那个时代的政治需要。对于后者，假如我们认为，郡县制较之分封制有历史的进步性，那么应该承认，韩非提出的御臣之术是合理的。秦王感叹"寡人得见此人与之游，死不恨矣"（《史记·老子韩非列传》），正是认为它能解决攻占敌国、实行郡县制后的控制和管理问题。

同时，我们评价这些特定性的思想，应该按照"类"和"宜"的原则来。就是我们所经验的，是否与其场境类同；若是类同的，才发生意义。韩非思想针对的是君臣关系，拓展到现代，也就是领导与被领导的关系；不是针对普遍的、一般的社会政治问题，更不是着重于社会的一般伦理关系。我们要讨论的，是那种君臣关系的认识，在那个时代是否准确合理，在现代应该被批判否。假如以为他讲的是人与人关系的普遍原则，那是大误了。历代很多人斥责韩非祸害，其实是忽略了场境类同的原则，是自己读错了。

第二点则是韩非学派的思想流变问题。在《韩非子》中，有思想表达不一致的地方。例如关于"忠"，《初见秦》说："知而不言，不忠。为人臣不忠，当死。"显然强调"忠"是为人臣的基本素质。而《外储说右下》则说："君通于不仁，臣通于不忠，则可以王矣。"《六反》也说："君不仁，臣不忠，则可以霸王矣。"又认为做臣子的不需要"忠"。这里"忠"与否的变化，就说明思想发生了变化。大略地看，韩非学派有一个从吸收儒学到批判儒学、由法治到术治的思想进程。就是在批判"儒"、继承"法"的过程中，发展出了"术"的思想。注意到这一点，才能客观地、系统地认识《韩非子》思想，才不会简单地判定其有思想矛盾。

二

那么《韩非子》的思想特质是什么呢？这应该根据其实践重点、思想创造和历史影响而言。如此，用一词概括，应该是"术"。用一句话来说，就是"君王南面之术"。用现代的术语表达，则是极端的君王专制主义。熊十力指出：其"别为霸术之宗"[①]。王元化说："一部《韩非子》主要谈的是术，而不是法。""韩非的法是作为君人南面之术的一个环节。"[②]这个认识很精辟。

在《韩非子》中，"法"是公开实施的手段，"术"是暗中运用的手段，"势"是利用现有条件的手段，三者构成了术治主义的策略方式。诸子不讲究概念的确定性，《韩非子》也是。"术"有时指基本的政略，有时指具体的手段；所以在作为政略的"术"中，又有作为手段的"术"。两者都对中国历史文化产生了影响深远，但是《韩非子》所创造的、更有理论贡献的，无疑是作为政略的术治主义。在那里，"法"的理想和精神都被抛

---

① 熊十力：《韩非子评论》，上海古籍出版社2019年版，第4页。
② 王元化：《韩非论稿》，《清园论学集》，上海古籍出版社1994年版，第172页，第179页。

弃了，只沿用了一些手段而已。

很多学者以为，《韩非子》兼讲"法""术""势"，是集法家之大成。这从理论建构的角度是可以成立的。但是也得注意到，三者不是并列交融的关系。"术"（还有"势"）是对"法"的发展，使"法"更健全，更有实践性。传统的法治思想认为，只要公布成文法，并作一律、强制的要求，就可以达到国家富强的目标。"术"的思想则进而认识到，一切"法"的实施，都必须建立在君王权威的基础上；君王的绝对权威，使法治的实现成为可能。因此，怎样控制、驾驭臣下才是法治的关键和重点。

这里主张核心是"术"，不是"法"，则是强调其原本所着重的在政治实践领域，而非理论建构方面。其关心的，是统治要从哪里入手？要特别注意什么？并不在乎理论创新和系统与否。而且，从历史上的影响看，也更应该强调这一点。假如一定要把它归为法家，那也是法家的转折，或法家的第三期，不能认为是集法家之大成。

这个是读懂《韩非子》的关键。不把握"术"，就不能领会其思想特质。不明白其中一部分只是对那个时代的君王而言，也不能有的放矢地阐释其现代意义。

三

《韩非子》五十五篇，大略分为四部分：（1）"法"范畴内的思想，计《初见秦》《存韩》《饰邪》《安危》《守道》《用人》《功名》《难一》《难二》《难势》《问辩》《问田》《六反》《制分》《诡使》《五蠹》《显学》《忠孝》《大体》《心度》二十篇。（2）"术"范畴内的思想，计《扬权》《八奸》

《观行》《难三》《说疑》《爱臣》《二柄》《孤愤》《三守》《备内》《喻老》《内储说上七术》《内储说下六微》《八经》《人主》《主道》《解老》十七篇。（3）兼有"法""术"等思想的，计《和氏》《奸劫弑臣》《亡征》《南面》《定法》《八说》《有度》《饬令》八篇。（4）资料性内容及其他的，有《说林上》《说林下》《外储说左上》《外储说左下》《外储说右上》《外储说右下》《十过》《难四》《难言》《说难》十篇。

这些内容，有三点最重要：（1）关于士人进言难的感慨，这部分特别为士人所共鸣。（2）关于治国之"法"的阐述，其中有对"礼"的肯定，是对于法家思想的继承。（3）关于御臣之"术"的阐述，是韩非子的思想创造。其中重要的篇章：

《主道》篇，讲君王要守道无为，洞察臣下有为，"使智者尽其虑，而君因以断事"，"有功则君有其贤，有过则臣任其罪"。把"无为"与"道"联系起来，阐述了老子"无为而无不为"的思想，为御臣之术建立了理论基础。

《二柄》篇，对术治政略作了简明表述。其明确君王的要务是"导制其臣"，而运用的手段为刑罚和奖赏，即"二柄者，刑德也"。

《八奸》篇，概论"同床""在旁""父兄"等八类可能危害君王的奸行，指出最亲近的、最有能力的，也是最危险的。提出了防范措施，是术治思想的具体阐述，透彻入微。

《说难》篇，论述游说君王、向君王进言的难处，先分类概述，再举例证明，最后结论"人主亦有逆鳞，说者能无婴人主之逆鳞，则几矣"。论点精辟，论证细密层进，是议论文的典范。

《备内》篇，讲君王要防备宫内贵臣、后妃、太子等人的劫弑篡位，集中表达了人性本恶、私利至上的观点。

《解老》《喻老》篇，是现存最早的解释《老子》的著作，是其思想承自《老子》的明证。《解老》着重于理论性解说，《喻老》则举例说明。

《内储说上七术》等六篇，散论术治的经验要点，虽然不系统，但是透彻，而且生动好读。其体例，先概述治术要点为"经"，再举例说明为"说"，后人称为连珠体。

《定法》篇，介绍并批判慎到的"势"、商君的"法"，是了解先秦法家理论的重要著作。

《八经》篇，综述"因情""立道""听法""立威"等八个方面的治术原则，强调"罚所以禁也，民畏所以禁则国治矣"，是韩非子术治方略的概括。

《五蠹》篇，集中表达了韩非子的历史发展观和文化专制主义思想，提出"不期修古，不法常可"的观念，认为"学者""言古者""带剑者""患御者""商工之民"这五类是国家的蛀虫，必须予以消除。

《显学》篇，批判战国时期影响最大的儒、墨两个学派的思想，进而论述术治主义的理论；是先秦学术思想史的重要资料。驳论也极有气势。

四

《韩非子》讲的御臣之术，用现代政治学术语说，是君主专制主义。

这种专制主义的"术"有三层意思：（1）作为统治思想的政略，以御臣为目的。（2）作为具体统治的手段，"法""术""势"合用。（3）作为一种文化政策，绝对专制，不容许不同声音的出现。

"术"作为一种政治的策略方针，就是以监督、控制臣下为重点，以刑罚和奖赏为基本的方式方法。所以说："明主之所导制其臣者，二柄而已矣。二柄者，刑德也。何谓刑德？曰：杀戮之谓刑，庆赏之谓德。"（《二柄》）"导制其臣"，就是指导臣子去做什么，并且随时控制他。这个"术"的政略，在手段的背后支配手段的实施。它的核心，是一切为君王考虑，君位至上。这与以国家富强为本的法家不同。

在《韩非子》中，作为手段的"术"论述得最多，包括"法""术""势"三种。因此《难三》说："人主之大物，非法则术也。法者，编著之图籍，设之于官府，而布之于百姓者也。术者，藏之于胸中，以偶众端而潜御群臣者也。故法莫如显，而术不欲见。"指出两者缺一不可。《八经》又说："势者，胜众之资也。""势"也是必需的。

"法"原本有公开性、公平性的精神，《韩非子》抛弃了这个特质，只用其绝对性、严酷性的形式手段。"势"是已具备地位之尊的条件，也可用作控制手段。"术"是隐蔽的，需随机处置，难度最大，为精髓所在。所以说："明主之道，在申子之劝独断也。"（《外储说右上》）并提出一系列阴谋权术，如"除阴奸""握明以问所闇""作斗以散朋党""渐更以离通比"（《八经》）、"赏奸"（《心度》）等，冰寒透骨，无以复加。

《韩非子》把三者统一起来，强调配合运用才有效果。所以批评慎到"徒术而无法"，商鞅"徒法而无术"（《定法》）。其指出"抱法处势则治，背法去势则乱"（《难势》）；"主用术，则大臣不得擅断，近习不敢卖重；官行法，则浮萌趋于耕农，而游士危于战阵"（《和氏》）。其中，"术"是暗中操作的，"法"是公开布置的，"势"是利用位置条件的。组合起来，随机操作，灵活运用。

这个术治主义的深入之处，还在于主张文化思想层面的专制主义。《韩非子》认为，在实行政略和手段的"术"的同时，还必须提倡文化专制主义。就是要排除不同政见者，把"学者""言古者""带剑者""患御者""商工之民"视作国家的害虫；"不养耿介之士"（《五蠹》）。而且禁止儒、墨两家思想的传播，认为他们没有从实际需要出发，是愚蠢的、胡说八道的，必须抛弃；即"无参验而必之者，愚也；弗能必而据之者，诬也。……愚诬之学，杂反之行，明主弗受也"（《显学》）。由此，阴谋的术治主义发展为极端的文化专制主义。这也是《韩非子》思想的最被痛斥之处。

五

《韩非子》另外深刻影响中国历史文化的，是传承《老子》而来的功利理性精神。与治术的特定性意义不同，对于功利理性的认识，已经是对一般而言。

其有三个方面的表现：（1）以功利为目的，一切活动在功利目的的指导下。（2）功利是眼前的、物质性的，是现实活动中正在进行着的。（3）为了获得功利，要精思熟虑，不择手段。

因此，特别强调实践检验的重要性。《奸劫弑臣》说："不苟于世欲之言，循名实而定是非，因参验而审言辞。""循名实而定是非"，是遵循实际和名称的客观关系，来判定其正确与否。"因参验而审言辞"，是从经验出发，审查所表达的内容。这是理性认识的基础。

强调一般性与特殊性的统一。《解老》说："道者，万物之

所然也，万理之所稽也。理者，成物之文也；道者，万物之所以
成也。"就是说，"道"是一切事物的根本，是一般性的存在；
而"理"是各种事物的特殊表现。又说："万物各异理，万物各
异理而道尽。"各种事物各有"理"，把各有的"理"都表达清
楚，就是认识"道"了。从后一句看，《韩非子》的重点在于把
握"万物"各有的"理"，即各个具体事物的特殊性。

还认为具体事物的"理"是对立统一的。《解老》说："凡
理者，方圆、短长、粗靡、坚脆之分也，故理定而后可得道
也。""方圆"等都是相对并存的概念，这已经是朴素辩证法的
认识了。

这些功利理性中，关键词是"理"和"术"，是从《老子》
的"道"发展过来的。

《老子》的"道"是一般性的，《韩非子》朝"理"和
"术"两个方向发展。由"道"到"理"，是理论上的，朝着具
体性、个别性的方向。由"道"到"术"，则是实践方向的发
展。"道"把事物分析为对立的两极，在实践中取"柔弱"一
极，表面"无为"，其实"无不为"。"术"也明确地把事物分
析成"矛盾"关系，强调运用阴谋手段。"术"是"道"的具体
实践。

所以许多处称"道理""道术"。当然，较之《老子》的形
而上表达，《韩非子》回落到了形而下层面。"道"异变为现
实政治中的君权，"道"的绝对性异变为君权地位的绝对性，
对"道"的终极信仰异变为对君权独尊的先验认识。而"无
为""谦下"的"道"的方法论，也异变为君权专制的阴谋手
段，即具体的统治术。

显然，"术"作为一种政治理性，强调非道德化、非情感

化，是一个合理的方向。但是还应该有全面性和长远性的考虑；而这一点，《韩非子》不具备。其在具体认识时偏误了，有违实践理性的本质要求。大家知道，君位只是政治结构中的一级，与臣下、民众的力量相关联，虽然高高在上，有特权，但是一旦过度，使臣下、民众生存不下去，也会被推翻。因此健全的实践理性应该是尊重君权，也限定君权。然而《韩非子》没有注意到君权专制的利弊两方面可能，其专制理论事实上建立在非理性的沙滩上，经不起理性的拷问。因此，也被历史实践一再证明为反动。

对此，王邦雄有透彻的批评："其理论根基，人性论失之于偏，价值观囿之于狭，历史观落之于物，故其治道，遂利用人性弱点，否定个人生命之价值，并以外在之势与力，来压迫人心，故其体系架构，遂开不出大的格局。"①

六

许多学人认为，《韩非子》集法家之大成。上文已经指出，这是没有把握它的思想特质，没有从发展的角度看问题。

《韩非子》中确实有大量讲"法"的专论，还有从"道"出发对"法"的论述，例如"因道全法"（《大体》）。那些讲"术"的篇章，也许多涉及"法"。但是，这些都只是继承而已。与《商君书》《管子》比，没有什么新见。韩非学派的贡献在于从"法"中发展出了"术"；"术"才是其思想创造所在，也即思想特质和贡献所在。

具体一点说，法家以国家富强为目的，因为农则富，战则

---

① 王邦雄：《韩非子的哲学》，东大图书公司 1977 年版，第 303 页。

强。如《商君书》说的，"国之所以兴者，农战也"（《农战》）。韩非学派则进而认为，国家富强需要君王的强有力领导，必须以专制为前提；而君王专制面临的主要问题在控制臣下方面。所以怎样驾驭臣下，才是政治的关键，国家富强的基础。

这个发展，《韩非子》中的《有度》《饬令》两篇也给予证明。《有度》的内容与《管子·明法》有不少相同，都着重于法治理论，讲"使法择人，不自举也；使法量功，不自度也"，把"法"放在至高无上的地位。但是，《有度》增加了"审得失有权衡之称者，以听远事，则主不可欺以天下之轻重""因法数，审赏罚"等语句，"审"是审查、审定、查证的意思，要求审时度势，是"术"思想的第一步，目的在于"主不可欺"。

《饬令》篇摘录自《商君书·靳令》，也都讲"以刑治，以赏战"的法治理论。但是《饬令》随接加了"厚禄以周术"一语，强调君王要有考察、驾驭臣下的手段。这些可见韩非学派由法治主义向术治主义发展的轨迹。

因此，我们可以从《韩非子》中查找一些先秦法家的材料，也可以据此分析法家的思想特质，还可以从法家理想出发，批判《韩非子》中"术"的思想。但是，不能认为这部著作集法家思想之大成。从其学派思想的发展轨迹看，已经质变了。

另外要注意的是，法家的"法"针对全体臣民，而术家的"法"旨在于对付近臣。在术家的考虑中，民众的情况不是君王关心的，该由臣下去管理。君王只关注臣下，让全体臣民都知道"法"，目的在于使臣下随时被民众所监视。"法"只是控制的手段之一。

七

要准确理解《韩非子》的思想特质，还得区别先秦法家与术家的不同。

两千年来，学界依据《汉书·艺文志》的分类，没有"术家"的说法。刘向他们的意思是，"术"是"法"的一部分，在法家的范畴内。其实，这只是从那个时代需要出发的分类，因为专制统治的手段，必是"法""术"合一的。但是，当代再认识诸子思想，目的是寻找新的政治文化建设的思想资源，这样就有必要把"法"与"术"分割开来。道理很简单，作为政治思想，"法"的部分可批判吸收，而"术"的部分必须彻底否定。

由此，该明确《韩非子》是一部术家的著作。

其与以管仲、商君、李斯为代表的法家思想的不同，至少有五个方面可辨别：

（一）国家本位与君权本位。法家考虑国家社会的整体利益，旨在于国家富强，讲国家本位。术家则考虑君王个人利益，以君王个人权力的巩固、意愿的满足为目标，讲君权本位。术家所说的国家富强，只是建立个人权威的基础。这一点是郭沫若在《十批判书》中提出来的，是区别法家和术家的关键。虽然在两千多年专制政权中，朕即国家，国家本位等同于君权本位，但是在思想本旨里，在学理上，两者该是有区别的。

（二）组织控制与人事控制。法治系统由各级机构构成，有组织性、稳定性。法家对于每一个臣下的升降都根据法规，在机构的功能要求下进行，讲的是组织控制。术治则是君王以私智操纵权柄的行为，往往君王控制若干关键职位的臣宦，臣宦又控制再下一级的臣民，这样通过人事控制，构成统治体系。法规运用与否，看其是否有利于控制，带极大的随机性。

（三）已定公正与或然公正。绝对公正指在法规面前人人平等，没有特权，这在等级社会中是不存在的。这里的已定公正，是法家所追求的。指已定条件下的绝对性，就是在制订法规时已经保障了君王特权，法规公布后所有人一律遵守，君王也不能超越已赋予的特权。或然公正指在法规公布后依然变动无常，赏罚以国君当时当地的统治需要甚至当下心情而定，这是术家所表现出来的。它在个别事件下可能公正，但是或然的，变化无常。已定公正是组织控制的原则，或然公正则掺入了个人私欲和情绪因素，是人事控制的必然。

（四）法规至上与权术至要。在法家看来，法规是立国之本，绝对至上，保证了法规的实施也就保障了国家的富强。君王的权威在于法规所确立的至尊地位，在于他是最高的监督者。法家还认为重权术祸害无穷。相反，在术家看来，权术才是统治的关键，君王的地位是由其操纵权术的才能和策略所决定的。

（五）集权主义与专制目的。法家要求中央集权，因为中央集权能保障国家的统一和强盛，对社会各阶层都有利。术家则要求专制，考虑御臣之术，特别强调君王应具备监察、控制臣下的素质，使天下控制于一人之下。

上述可知，法家和术家都是对儒家道德化政治的否定，都具有功利理性。但是，法家有价值追求，术家则只有工具性质。法家非道德的理性手段背后还有一层国家富强的理想，算得上是一种价值实践。而术家在手段上阴险多诈，残酷无情，在目标上也是为了极端私欲，毫无道德价值可言。

八

怎样来认识《韩非子》的思想价值呢？

首先，得把它放到思想史的历程中，看处在哪一个环节。上面已经说过，主流学界的法家集大成说是不准确的。《韩非子》的思想创造在于"术"，"术"是对于"法"的批判和扬弃。我们不能因为"术"中吸收了"法"，"法"作为手段之一在"术"中占有很大的比例，就认为它依然在法家的范畴内。

这里把术家与法家分别开来。法家是从儒家的礼治主义一脉异变过来的，术家则从兵家发展过来。礼治主义属于渐进的改良主义，不能迅速地增强国家力量，于是作为对它的改造，法治主义应运而生。据现有的文献看，标志法家学派成立的著作是《商君书》，而集大成的是《管子》。

术家的发展脉络，则是从《孙子兵法》到《老子》，再到《韩非子》。《孙子兵法》提出"诡"的思想，使军事学从礼义性、道德化的政治领域中独立出来。《老子》在"诡"的基础上抽象出了"道"的观念，重视对立关系的利用和转化，强调以最小代价换取最大收益，"无为而无不为"。《韩非子》则以"道"为理论指导，把这种阴谋目的和思维要求落实到宫廷政治中，创立了"术"的政治学。由"诡"到"道"，再到"术"，都由功利理性支配着，思想一脉相承。其中，《老子》标志着术家学派的诞生；至《韩非子》，则为术家思想的集大成者。

所谓集大成者，标志着学派思想的成熟。其肯定有综合和发展，就是吸收利用相关的思想因素，建立周全的理论体系，从而更有力地批判其他学派。《韩非子》继承功利理性精神，由"道"到"理"，融通"法""术""势"，就从理论和实践两方面健全了术家思想。它的贡献主要在这一点上。

由此，对于《韩非子》的思想价值，就能有客观的认识。它的价值和影响，主要在两个方面：（1）政治术，蔓延到社会管理领域；（2）功利理性，发展为中国文化的双核之一（另一核是伦理道德）。前者对官员有用，在历史上造成了数不清的丑陋和罪恶，在当代更应该彻底否定。后者则复杂了，不能否定它的合理性；但是趋于极端，也不免丑陋，甚至罪恶。

李泽厚曾说过："《老子》是由兵家的现实经验加上历史的观察、领悟概括而为政治——哲学理论的。其后更直接衍化为政治统治的权谋策略（韩非）。……贯串在这条线索中对待人生世事的那种极端'清醒冷静的理智态度'，给中国民族留有不可磨灭的痕迹，是中国文化心理结构中的一种重要的组成因素。"[①]这段话很精辟。

九

据《汉书·艺文志》著录，《韩子》五十五篇，《隋书·经籍志》著录二十卷，篇数、卷数皆与今本相符，可见今本并无残缺。据学者研究，有乾道本、道藏本、别流本三大系统。

《韩非子》的思想透彻直白，入门较容易。梁启雄《韩子浅解》，陈奇猷、张觉编著的《韩非子导读》，周勋初修订的《韩非子校注》，都明白通达，是好读本。

若要系统了解，可读陈启天《增订韩非子校释》、郑良树《韩非之著述及思想》、陈奇猷《韩非子新校注》。现代以来，

---

① 李泽厚:《孙老韩合说》,《中国古代思想史论》,人民出版社1986年版,第78页。

有关《韩非子》的思想研究成果很多。如熊十力《韩非子评论》、姚蒸民《韩非子通论》、王邦雄《韩非子的哲学》、宋洪兵《韩非子政治思想再研究》，以及傅杰选编的《韩非子二十讲》，皆有见识。另外，了解术家思想，可读〔美〕顾立雅的《申不害：公元前四世纪中国的政治哲学家》。

《荀子》

荀子（约前313—前238），名况，字卿，赵国人。他是战国时期的著名学者、思想家和文学家。五十岁时，游学到齐国首都临淄（今山东淄博），并三任稷下学宫祭酒。在当时已颇有影响，韩非、李斯、张苍曾跟随他学习，时人尊称"荀卿"。因遭谗离开，到了楚国，任兰陵（今山东苍山县）令。后来失官居家，著书立说，死后葬在兰陵。西汉时，避汉宣帝刘询讳，又称孙卿（"荀"与"孙"古音相通）。

《荀子》也称《孙卿子》，或《孙卿对书》。现在的通行本，是唐代杨倞编定的，有三十二篇。

一

《荀子》三十二篇，计《劝学》《修身》《不苟》《荣辱》《非相》《非十二子》《仲尼》《儒效》《王制》《富国》《王霸》《君道》《臣道》《致士》《议兵》《强国》《天论》《正论》《礼论》《乐论》《解蔽》《正名》《性恶》《君子》《成相》《赋》《大略》《宥坐》《子道》《法行》《哀公》《尧问》。一般以为，《大略》以下六篇，是荀子后学的著作，记录了一些荀子思想和儒家史料。其中重要的有：

《劝学》篇，讲学习是君子提高修养的必由之路。介绍了学习的目的和方法，指出"其数则始乎诵经，终乎读礼；其义则始乎为士，终乎为圣人"。通篇骈体博喻，层层论证，语言富赡流畅，文学性强，是经典名篇。

《非十二子》篇，综论先秦诸子思潮，分为它嚣、魏牟，陈仲、史鳅，墨翟、宋钘，慎到、田骈，惠施、邓析，子思、孟轲六派。在批判之后，阐述礼治主义的思想，是了解先秦学术思想史的重要著作。

《议兵》篇，记载荀子与临武君等人关于军事问题的对话。其强调政治是军事的基础，"凡用兵攻战之本在乎壹民"，并批判法家军事行为的局限性，指出"兼并易能也，唯坚凝之难焉"，反映了先秦儒家兵学的理论水平。

《天论》篇，提出"天人之分"的观点。指出"天"作为自然世界是客观存在的，有自己的运行规律，与人类的社会活动没有关联，是先秦客观理性精神的最鲜明表达。

《礼论》篇，阐述了礼乐文明产生的历史过程和本质特征，指出"先王恶其乱也，故制礼义以分之"，"礼有三本：天地者，生之本也；先祖者，类之本也；君师者，治之本也"。这是其礼治主义理论的集中表达。

《乐论》篇，批判墨子"非乐"观，指出"乐者，乐也，人情之所必不免也"，强调其具有不可缺略的社会功能。这对先秦儒家美学有重要的贡献。

《解蔽》篇，认为观念上的问题是认识的局限性造成的，指出"凡人之患，蔽于一曲而暗于大理"，应该"虚壹而静"而

"知道"。其表达了综合融通的思想方式，是先秦认识论的重要文献。

《正名》篇，阐述名实相副以及"名"的分类等问题，已经进入了逻辑学的大门。此篇与《墨经》一样，是先秦名学的重要文献。还提出"以仁心说，以学心听，以公心辨"，是后人推崇的讨论原则。

《性恶》篇，批判孟子"性善"说，认为"人之性恶，其善者伪也"，"善"是通过人的努力作为才能实现的。并且指出："故圣人化性而起伪，伪起而生礼义，礼义生而制法度。"这里的"伪"，指人为，就是人的主观努力。这篇阐明了礼治主义的必然性和合理性，是先秦人性论的重要文献。

《赋》篇，是荀子的赋体作品。文学感染力一般，但是第一个使用赋的名称，而且由问答体构成。因此，与屈原一同被称为"辞赋之祖"，在中国古代文学史上也有地位。

《大略》篇，应该是弟子记录的荀子早期思想，只是强调"礼"的重要性。一般不受重视，其实也有不少精辟的言论。例如"天之生民，非为君也；天之立君，以为民也"，是民本主义的经典表述。

二

《荀子》是荀子学派的论文集。在《荀子》的记载中，荀子后学的贡献不多。但是，荀子自己的思想有一个发展变化的过程。

要具体地梳理很困难，争议也会很大，因为各篇的著作年代难以确证。例如《非十二子》，一定是在稷下学宫时期的著作吗？据现有文献是找不到实证的。所以，可能的做法是，分析各篇的内容特质，依据思想史的逻辑来疏述。

这个过程，该是继承"礼"、用"法"改造"礼"的思想发展。具体的过程是：（1）以修养为重；（2）以"礼"为本；（3）以"法"补"礼"，"礼"主"法"辅；（4）"礼""法"并重。至此，建立了礼治主义的思想体系。

从《劝学》《修身》《不苟》等篇看，荀子早期也是学习儒家的修养理论的，也重视自我反省，讲诚心。例如《修身》说："见善，修然必以自存也；见不善，愀然必以自省也。"《不苟》说："君子养心莫善于诚，致诚则无它事矣。惟仁之为守，惟义之为行。"意思很明白。

至迟在稷下学宫时，建立了"明群使分"、以"礼"为本的政治理论。《荣辱》《礼论》《乐论》等都讲这一点，《大略》篇也有大量记录。荀子认为，社会是一个"群"，必须"分"才能"安"；而以"礼"的规范去"分"，分为君臣父子等，是最好的方式。所以《荣辱》说："故先王案为之制礼义以分之，使有贵贱之等，长幼之差，知愚、能不能之分，皆使人载其事而各得其宜。"《礼论》也说："先王恶其乱也，故制礼义以分之。"

荀子思想的进一步发展在于融"法"入"礼"。其又分两个阶段：先是以"法"补"礼"；这个阶段，"礼"还是主要的，"法"是辅助的，法治的地位低于礼治。例如《强国》说："人君者隆礼尊贤而王，重法爱民而霸。""法"也是被肯定的，但是只能为霸道服务，不如"礼"的作用意义大。

再发展一步，就是"礼""法"并重了。"礼"与"法"成为政治的一体两面，好像一枚硬币的正反面，结合在一起。所以《性恶》说："今人之性恶，必将待师法然后正，得礼义然后治。"《成相》说:"治之经,礼与刑。""刑"就是"法"。至此,荀子学派建立了自己的思想体系。

有的学者依据荀子的生平,以他五十岁到齐国稷下学宫为界,分为之前、期间和之后三个阶段。这也是一条分析的路向,只是考证著作年代的困难,可能难以克服。

注意到这种思想的流变性,就容易解释历代各种观点的合理性和局限性。汪中《荀卿子通论》说"荀卿之学出于孔氏",是从继承"礼"的角度说的。朱熹说"荀卿则全是申韩",是强调吸收"法"、改造了"礼"这一点。胡适说"介于儒家与法家之间,是儒法过渡时代的学说"[1],看到了发展性,但是没有看到发展的结果。郭沫若说"可以称为杂家的祖宗"[2],则是没有从发展的视角去认识。

这些都只是抓住了一个方面,是一个角度的认识。

三

一般认为,荀子是先秦思想的集大成者。这大略没问题。但是,我们还得明确:(1)是从儒家以"礼"为本一派的立场出发的;(2)有一般性的思想方式。清楚这两点,更能够领会其集大成的意义指向。

《荀子》的集大成,指的是以儒家的"礼"为本,批判吸收其他各家学说,形成了包括政治学、伦理学、历史学、逻辑学、军事学以及本体论、知识论等在内的思想体系。要认识它的丰富性、系统性,得注意其思想立场的问题。

---

① 胡适:《中国哲学史大纲》,上海古籍出版社1997年版,第236页。
② 郭沫若:《十批判书》,人民出版社1954年版,第185页。

这也是战国后期诸子思想的一般形态。那个阶段，诸子普遍从本家思想出发，批判并吸收各家的观点，形成一个体系。《韩非子》以"术"为本，《墨经》（墨家后学）以"墨"为本，《管子》（法家后学）以"法"为本，《庄子》"外杂篇"（道家后学）以"道"为本，都批判吸收其他各家观点。只是除《韩非子》《荀子》以外，未能融合成为一个系统，给人杂合的感觉。大概是汉以后，儒家占据了统治地位，儒学成为正统，以至现代学者以为只有《荀子》才集大成了。

由此就可理解，《荀子》的集大成何以还有局限性。他批评各家"蔽于一曲，而暗于大理"（《解蔽》），自己却也是"蔽于一曲"，不能理解各家学说的意义。对于以"仁"为本讲"性善"的思孟学派的批评就是显例。

其实，《荀子》一书的最大贡献是其中的一般性思想方式。前面已经说过，在战国中期以前，诸子基本上是对个别的，或类别的对象讲的，著述的意义与特定对象的需要联系在一起。战国中后期，有了一般性的思想表达，但是局部性的。而《荀子》所提出的问题与所阐述的意义，大多不只是对某一个、某一类对象而言，而具有一般性意义。因此，《荀子》的集大成，不只在内容的吸收和融合方面，更在于思想的表达方式。

例如关于"性"的问题，他批判孟子，是把"性"作为一般性的问题来讨论的，与《孟子》不同。

《孟子》提出"性善"说，本旨是为了游说君王施行"仁政"。"仁政"自上而下，需要在上者的道德自觉。为了解释这种自觉的合理性和必然性，才推出了"性善"说。为了阐述"仁政"实践的普遍可行性，才说"恻隐之心，人皆有之"（《告子上》）。所以"性善"说与君王这个游说的对象相关联，属于特定性的表达。

因为孟子游说君王的篇幅很多，孟子又反复强调这一点，以致我们会误以为孟子讲的"性"都是这个意思。其实，在另外许多处，"性"的意思是不同的。例如《告子上》说"人性之善也，犹水之就下也"，只是说人性朝"善"的方向发展，并非"本善"。《离娄下》说"人之所以异于禽于兽者几希，庶民去之，君子存之"，强调"性善"的只是少数。《梁惠王上》又说"无恒产而有恒心者，惟士为能。若民，则无恒产，因无恒心"，强调"士"与"民"的本性有异，"性善"并非是普遍的。这足以证明，《孟子》的"性善"说是特定性的。

而荀子讲"性恶"，虽然也是为了游说君王而提出的，但是强调"性"是一般性的。《性恶》说："故圣人之所以同于众，其不异于众者，性也；所以异而过众者，伪也。"就是说，就"性"而言，所有人都是一样的，都是绝对的"恶"。圣人之所以成为圣人，只是他还努力向"善"发展，就是"伪"。"凡所贵尧、禹、君子者，能化性，能起伪，伪起而生礼义。""伪"是由"恶"走向"善"的路径。所以又说："凡人之性者，尧、舜之与桀、跖，其性一也；君子之与小人，其性一也。"且不论"性一"的论证能不能成立，其一般性的意思很明显。

再如关于"学"。在《论语》语录中，针对不同对象的需要，所指的意义不同。例如《学而》"学而时习之"，特指学知识；"虽曰未学，吾必谓之学矣"，则特指学做人。但是，在《荀子》中，"学"就是学习，是一个概念，是一般性的。

荀子有否这样的自觉认识呢？从有关"道"的阐述中，似乎是有的。《解蔽》说："夫道者，体常而尽变。""体常"，当有意义的一般性。《正名》篇的"名"，也是从一般性展开的。

　　《荀子》作为百家争鸣的最后一部著作，其思想方式的发展，意义极为深远。因为一般性的思想表达，标志着理论自觉的开始。

四

　　当然，《荀子》思想的历史作用主要在"礼"的领域。用现代术语来表达，是礼治主义。

　　"礼"是儒家思想的基础。凡是儒家，没有不重视"礼"的。孟子讲心性修养，也不忽略"礼"。从一个角度讲，强调修养也是为了更好地遵守"礼"，践行"礼"。当然，在《荀子》那里，完成了从习俗性到规定性的转变，建立起礼治主义的思想体系。

　　（一）指出"礼"的重要性。这一点，孔子已经有明确的认识，荀子更加重视。他说："人之命在天，国之命在礼。"（《天论》）"礼者，人道之极也。"（《礼论》）强调"礼"是社会的基础。而且从天道、历史、政治三个方面，进一步论证了其重要性。《礼论》说："礼有三本：天地者，生之本也；先祖者，类之本也；君师者，治之本也。"指出"礼"的存在合乎天道自然，有历史的合理性，是现实政治的根本。

　　（二）阐述了"礼"的内质。荀子概括为明群使分，群而能分。"群"是社会形态，是人类存在的形式。如何使"群"有序呢？关键在于能"分"。"分"是社会分工，建立等级，各得其宜，是社会组织的根本法则。这样"分"而有"份"，"群"就成为一个统一体。所以说："有分者，天下之本利也；而人君者，所以管分之枢要也。"（《富国》）"制礼义以分之"（《礼论》）。"分"的标准就在于"礼义"，靠什么维系呢？

荀子有两个说法：（1）"分何以能行？曰：义"，侧重于道德教化；（2）"分莫大于礼"，侧重于礼法制度。这样，对于"礼"的特质有透彻的认识。孔子讲"君君，臣臣，父父，子子"（《颜渊》），已经有"群"和"分"的意义指向，荀子则做了深入的理论阐述。

（三）揭示了"礼"产生的必然性。荀子注意到，"礼"的存在也是人类社会区别于动物世界的标志。人天生有欲望，而且是无止境的，就是"恶"。这样必然会"争"，"争则乱，乱则穷矣"（《富国》）。所以必须治礼作乐，使社会上下有分，等级有序，从而解决物欲的争斗。"礼"的明分使群，从制度上解决了人性的问题，这构成了礼治主义的理论基础。

（四）加强"礼"的政治功能。春秋时代社会上的"礼"，与习俗相关，更多温情脉脉的东西。这在进一步的社会政治要求下是不够的。所以荀子吸收"法"的精神，对"礼"作了改造，加强了严格性、绝对性的要求。当然，他依然坚守儒家的政治理想，只是在实践方法上给予改造，就是融"法"入"礼"，"礼""法"并重。他认为，单纯法家的一套，"唯坚凝之难焉"（《议兵》），不能长治久安。

上面所述，最有价值的是：（1）对"礼"的理论建构；（2）用"法"来改造"礼"。前者使儒家的政治学说体系化，后者使儒家的政治实践合乎了历史的需要。他的礼治主义，是以"礼"为本，以"道"为体，以"法"为用；就是以儒家的制度安排为本，吸收了法家理性精神和道家认识论、方法论而构筑起来的。

这个政治思考，与孟子截然不同。孟子走的是内向的路线，认为每个人修养好了，自然遵守礼义规范，社会政治就不是问题了。荀子则走外向的路线，主张以制度化的礼治来规范每个人的行为，使之社会大治。

现在我们说，两千多年的政治"表儒内法"。这个"儒"就是《荀子》建构完成的。在中国政治思想史上，确实存在孔荀之礼。

五

出于对礼治思想的深入思考，《荀子》涉及人性、历史、天道等方面的问题。

（一）提出了"性恶"论。他认为"恶"是人的自然本性，人一出生，就"有好利焉"，"有疾恶焉"，"有耳目之欲，有好色焉"（《荣辱》）。所谓"善"的要求，其实是针对"恶"的本性而言的，是对"性恶"的改造。所以说："凡人之欲为善者，为性恶也。""人之性恶，其善者伪也。"（《性恶》）"性恶"论从人的实然层面来看待人性，实际上认为"恶"作为自然本性具有先天合法性，这揭示了人性的一个方面，是很深刻的。当然，荀子也是以"善"为人类社会的价值所在。他还认为，圣人与普通人一样，也只有经过后天的努力，才能够成就自己。所以说："圣人者，人之所积而致也。"（《性恶》）这与《韩非子》有本质的不同。

（二）提出"法后王"的历史观。"后王"指近当代的圣王，或可能成为王者的"天下之君"，就是理想的最高统治者。荀子认为，"先王"的时代久远，事迹简略，不如近世的后王可靠；那些道德措施，"后王"已经发扬光大。所以说："欲观圣王之迹，则于其粲然者矣，后王是也。"（《非相》）。荀子批判"俗儒"的"先王"观，指出他们是"略法先王而足乱世"

（《儒效》），是复古倒退。这个历史观，为他的政治观服务，就是"法后王而一制度"（《儒效》）。"而"表示承接关系，"一制度"是目的。

（三）提出了"天人相分"的理论。荀子认为天道自然，天是自然的天，不是人格神。"不见其事而见其功，夫是之谓神；皆知其所以成，莫知其无形，夫是之谓天。"（《天论》）就是说，"天"是大家都知道的，就是自然的。而且，天的运行是有规律的，与人类的社会活动没有关联。"天行有常，不为尧存，不为桀亡。"（《天论》）所以指出："天"不能干预"人"的活动，"人"的活动是独立于"天"的。"天能生物，不能辨物；地能载人，不能治人。"（《礼论》）"强本而节用，则天不能贫。"从而提出"制天命而用之"（《天论》）的思想，反对传统的"天命"观。这个"制"和"用"，落实在具体实践中，就是礼治主义的措施。

这里要注意的是，荀子只有"天人相分"的思想，没有"人定胜天"的认识。"天人相分"，是天管天的事，人管人的事，天道不能干预人道；这并不表示人可以去管天的事。《天论》说到"制天命而用之"，批判的是"人"顺从于"天命"观；是"制天命"，不是"制天"。20世纪中后期，很多人读错了。

现代以来，最被重视的是：（1）"性恶"的人性论；（2）"天人相分"的天道观。因为触及到了人的本质、人与自然的关系两个问题，学界有热烈的讨论和系统性阐述。但是我们得明白，在《荀子》中，其只是为了论证礼治的必要性，不免有理论的局限性。

六

从上述可知，在先秦诸子中，荀子学派的理性精神最为鲜明。确实如此，其还深入到了认识论和逻辑理性的问题。

他提出了"心有征知"的认识论。《解蔽》说："凡以知，人之性也；可以知，物之理也。"就是认为，每一个人都有认识的能力，认识基于经验之上。因为每个人的经验认识是有限的，不能周全通达，所以又指出："凡人之患，蔽于一曲，而暗于大理。""蔽"是遮蔽，是被某个认识局限住了，不能认识其他的、更根本的。

怎样解决这个问题呢？荀子提出了"虚壹而静"的解蔽方法。"虚"指内心清空，让新知识的接受没有妨碍。"壹"指心态专一，没有杂念。这样"心"就处于"静"的状态，能随时接受新知识，已有的认识不会妨害新认识的产生。新的与旧的，各个方面的，就可以同时兼有，不相妨碍，就"解蔽"了。这个解蔽方法，就是一种认识的方法。简单地说，是排除已有的成见，精神专一，发挥思维的能动性，获得多方面的认识，并加以统一。

这方面的认识，与名学有关。名学有关于知识和表达，有关于理性。所以荀子阐述"名"的问题，也涉及逻辑理论。

名学是从讨论名实关系开始的，要求名实相副。发展到《墨经》，"实"主要在客观事物的范畴内。《荀子》则着重于社会领域，因为社会对象的特殊性和复杂性，其为名实关系作了新界定："名无固实，约之以命实，约定俗成，谓之实名。"就是说，"名"是根据人的认识需要来的，它与"实"相关；但是并非机械地与"实"相对应，往往口耳相传，相约而成。假如一个区域内，第一个人表达或传达错了，后来都这样表达了，也就成了正确的"名"。这反映了人的认识的客观现象。

进而，荀子指出"名"有"单名""兼名""共名"的分别："单足以喻则单，单不足以喻则兼；单与兼无所相避则共。""单"是对个体的指称，"兼"是对群体的指称，"共"指对个体和群体的指称都可以。"共名"的出现，说明荀子着重考虑实践过程中的认识表达问题。假如作纯理论的分析，用"单名"和"兼名"就可以分清楚了。但是在实际使用中，往往同一个"名"，有时属于个体的，有时属于群体的；可以认作为个体，也可以认作为群体。例如"马"，指称某一匹马时，是"单名"。指称某一群马时，是"兼名"。可以作为"单名"，也可以作为"兼名"，在实践中分别使用，没有妨害，就是"共名"。

他还分析了"名"之间的种属关系："物也者，大共名也。推而共之，共则有共，至于无共然后止。有时而欲偏举之，故谓之鸟兽。鸟兽也者，大别名也。推而别之，别则有别，至于无别然后至。"这里，"共名"是属概念，"别名"是种概念，种概念从属于属概念。"共则有共""别则有别"，是说种属关系是相对的，又是无穷的。

这些关于"名"的理论，与《墨经》一起，构成中国古代逻辑学的基础。但是，我们得注意到，荀子着重于实践中的运用，不是纯理论研究。牟宗三曾说："荀子实具有逻辑之心灵。然彼毕竟非正面面对逻辑而以逻辑为主题也。此乃从其正面学术拖带而出者。"①这是很准确的认识。

① 牟宗三：《名家与荀子》，吉林出版集团有限责任公司2010年版，第129页。

七

荀子的另一个贡献，是对于之前的诸子思想作了批判和总结。

在《非十二子》中，他列举十二子，分为六派：

（1）它嚣、魏牟一派，"纵情性，安恣睢，禽兽行"，就是纵情任性，恣肆放荡。

（2）陈仲、史鳅一派，"以分异人为高"，就是以与众不同为高人。这两派的思想大略与道家相近。

（3）墨翟、宋钘一派，"上功用，大俭约，而僈差等"，就是崇尚实用主义，只讲节约、平等。这指的是墨家思想无疑。

（4）慎到、田骈一派，"尚法而无法"，就是提倡"法"，但是没有严格遵守，实际上就等于没有"法"。这指的是从法家变异过去的术家思想。

（5）惠施、邓析一派，"好治怪说，玩琦辞"，就是喜欢研究怪异的学说，赏玩奇异的词语，做文字游戏。这指的是名家思想。

（6）子思、孟轲一派，"略法先王而不知其统"，就是大致上效法古代的圣王，但是没有以政治为纲。这指儒家讲心性修养的一派。

荀子学派以政治实践的可能性为评价的唯一标准。对于前五派，肯定"其持之有故，其言之成理"，但是指出他们"不知是非治乱"，缺乏政治自觉，或没有政治实践的价值，也就是没用。

对于思孟学派，则毫无肯定，只有激烈的批判。这是很有意思的。因为实际上，荀子与孟子的政治理想是一样的，只是实现的路线设计不同。或许是，荀子认为孟子的这一套，标榜从孔子思想中发展出来，更迷惑人，影响破坏更大。

在《解蔽》中，另批评道："墨子蔽于用而不知文，宋子蔽于欲而不知得，慎子蔽于法而不知贤，申子蔽于执而不知知，惠子蔽于辞而不知实，庄子蔽于天而不知人。"意思是：墨子只重实用而不知文化，宋子只见人有寡欲而不知另有贪得的一面，慎子只求法治而不知道任用贤人，申子只知权术而不懂才智，惠子只务名辩而不讲实际，庄子只讲自然而不知人为。

《天论》中也有："慎子有见于后，无见于先。老子有见于诎，无见于信。墨子有见于齐，无见于畸。宋子有见于少，无见于多。"意思是：慎子只看到了跟随在后的意义，没有认识前导的价值。老子只讲委曲忍让，不讲积极进取。墨子只重视齐同平等，不重视等级差别。宋子看到了寡欲的一面，没有注意到多欲的另一面。

这些评价，都是非常重要的先秦思想史资料。

在批判其他诸子的同时，荀子高度赞美孔子，认为能"总方略，齐言行，壹统类"（《非十二子》），"仁知且不蔽"（《解蔽》）。就是说，能概括论述治国的政略，整理各家的言行，统一纲纪法度；兼有仁爱和智慧，没有局限性。这也说明，荀子学派属于孔子儒家一脉。

八

一般以为，宋明以后，孟子走上了中国历史的主舞台，荀子则受到冷落。程子说："只一句'性恶'，大本已失。"（《二程集》卷十九）给他定了基调。

其实，这只是从学术和文化思想的角度说。在政治领域，其始终处于指导地位。专制统治的方略，用一句话来概括，就是表"儒"内"法"。这个"法"，是韩非子的那一套，本质上是"术"。而"儒"，则是荀子的用"法"改造过的礼治主义。历代打着孔子的旗帜，实际上是孔荀一脉的路线，是荀子改造过的孔子思想。牟宗三说："自汉帝国建立后，中国社会即实现了荀子这个'礼义之统'的形态。"①已说清楚这一点。

能够被当作旗帜，自然既合乎那个时代的需要，又有炫目的光辉，能够激励人，或欺骗人。确实，抹掉历史盖上的沙尘，还原荀子的思想原貌，是很动人、很有启发意义的。

他为大一统政治的规划，等于是指导君王如何管理国家，如何长治久安。这是真正地为帝王师，两千年来，一直是大多数士人的理想。许多学者喜欢讲《孟子》，可能是因为其中的激情和批判的姿态；也可能是在野的缘故，与孟子一样只能做批判性的工作。假如有参政的机会，未必不会走荀子指示的道路。

他的政治规划，透出理性和人道的色泽。人道是社会政治的原则，西周以来，被普遍地宣传和实践。但是，只有荀子，把人道落实在政治制度中，用现实理性把信仰化合在历史规律的认识中。抛开"礼"的历史局限性，抽象其精神，也是值得继承的。

他在建立政治理论时，运用了融通化合的思想方式。战国末那个时代，给予了他历史条件，他也作了自觉的选择。这种思想方式，现时代更需要。

他的融"法"入"礼"的策略，实质上是继承并革新传统。传统不是某个历史阶段、某几个人的主观意愿能中断的。其间纵然有阻隔，依然如大江大河流过去。当然，传统需要变革，以适

———————————
① 牟宗三：《历史哲学》，学生书局1984年版，第127页。

应时代的需要。那个时代，小农业文明已经形成，因此荀子以血缘伦理为基础，加上制度性的革新。现在已经走进了信息时代，当然不能再讲"君君，臣臣，父父，子子"（《论语·颜渊》）的"礼"了，但是荀子那样的继承并革新的方向不会错。

对于荀学的评价，曾经批判的居多。例如谭嗣同说："二千年来之学，荀学也，皆乡愿也。"（《仁学》）这等激愤之言，应该放在清末民初这样的历史环境中去理解。应认识到，他的本旨在否定专制政体，并非对于《荀子》文本的解读。

九

《汉书·艺文志》记："《孙卿子》三十三篇。"这"三十三篇"可能是"三十二篇"之误。因为刘向《荀卿新书叙录》说：孙卿书原有三百二十二篇，除去重复的二百九十篇，定为三十二篇。这与现在通行本相符。

唐代杨倞重新作了编定，并为其作注，篇目次序与刘向本略有不同；改书名为《荀卿子》，简称《荀子》，这也就是现在的通行本。因为受历代学者的抨击，注者不多。直至清代考据学兴盛，注释校订者才增加。王先谦的《荀子集解》采摘前说，最有价值。

《荀子》属于比较好理解的。一般性的了解，选方勇、李波译注的《荀子》即可。另可选熊公哲《荀子今注今释》、张觉《荀子译注》。

要做进一步的研究，牟宗三《名家与荀子》，马积高《荀学源流》，韦政通《荀子与古代哲学》，廖名春《〈荀子〉新探》，董治安、郑杰文《荀子汇校汇注》等，都有价值。

《吕氏春秋》

　　《吕氏春秋》，一说又名《吕览》。这是一部由吕不韦总纂、其门人参与编写的著作，是战国杂家的代表作。

　　吕不韦（前292—前235），姜姓，吕氏，名不韦，卫国濮阳（今河南省安阳市滑县）人。他是战国末年的著名商人、政治家和思想家。早期经商，在邯郸见到作为人质的秦国王孙异人，扶植他进入到秦国政治核心圈，以至即位，为秦庄襄王。前249年担任相国，封为文信侯，门下食客约三千人。庄襄王去世后，太子政为王，吕不韦为相邦，号称"仲父"，权倾天下。在执政时期，对秦王朝兼并六国的事业有极大贡献。前237年，因为嫪毐叛乱事件受到牵连，被免除相邦职务，出居河南封地。不久，秦王政又命其举家迁蜀，吕不韦饮鸩自尽。

　　《吕氏春秋》分"十二纪""八览""六论"三部分，近十二万言。据《史记》说，完成时曾布置在国都咸阳城门间，称能改动一字者赏千金，此即"一字千金"典故的出处。

一

与之前的其他诸子著作不同，《吕氏春秋》有对全书的结构性规划。这是首先要重视的。

大家知道，先秦诸子早期的著作大多是一句一句的，如《论语》《老子》。约战国中期，发展为一章一章的，如《孟子》《庄子》"内篇"。至战国后期，才是一篇一篇的，如《韩非子》《荀子》。而且，一部著作内的各句、章、篇，一般不是一个人、一个年代完成的。我们现在见到的整部书的形式，主要是汉代刘向他们编纂整理的结果。所以"前言"就说过，诸子著作是学派的论文集，不宜作结构性的疏理。

而《吕氏春秋》有明确的结构形式，表明著作有一个整体性的考虑。这样，它就不是对特定对象的表达了，意义是一般性且系统性的。我们在阅读时，得注意各部分的内容关系，以及核心表达所在。它的结构形式，已经类似现代文本，所以可以像阅读现代著作那样去阅读研究。

当然，全书的结构形式有否统一，还是可以讨论的。一种观点认为，"十二纪"是一部书，"八览""六论"是另一部书，都是吕不韦主编。前者逐月结撰，为政事纲要，所以称《吕氏春秋》。后者集各家的相关认识和论述，则称《吕览》。汉代把两者合在一起，概称《吕氏春秋》。这也有道理。

我们仔细阅读，可知"十二纪"每"纪"五篇，其实是每月一"纪"，另附四篇。四篇的标题形式与"某某纪"不统一，说明是相对独立成系统的。十二个月的"纪"是时间性的，另附四篇的"四"喻示四面，指空间的，由此构成了一个包罗一切的宇宙系统。这样，"十二纪"已经是一个完整的结构体系。而"八览""六论"，"八"表示八方，"六"表示六合，都是空间指向，与"十二纪"中的"四"相似，可辅助据时间展开的"纪"。但是，其缺乏"四"与四季那样的机械配合，所介述的思想学说也没有与"春生、夏长、秋收、冬藏"分别对应。由此看，两者在结构上并没有圆润无隙。而且在思想特质上，"十二纪"以"阴阳"为指导，"八览""六论"属于杂家所为，也能辨别出来。

另外，这两部分之中（尤其"八览""六论"），内容有否简单拼凑，也是问题。可以想象，这样有诸多门人参与编写的著作，总纂者又忙于政务、无暇精研，思想表达的关联性是大可怀疑的。但是即使如此，其结构性的意义也是应该特别予以重视。用"四""八""六"的空间意义来与"一"的时间意义相统一，即使没有圆满，其体系构造的创造性也是卓越的。

毫无疑义，整体性结构的出现，对一般性的思想表达有巨大促进。这是文体学的突破，是吕不韦对于中国文化思想的一大贡献。

那么，之前分析诸子著作的特定性、流变性特征的方法是否该放弃了？这也是需要做具体的处理。从"十二纪"到"八览""六论"，是否从以"阴阳"为主导发展到了以杂家为本？这可能是思想流变的轨迹。那些"览""论"的整体性考虑，是否分阶段完成的？若是分阶段完成的，那么在完成的过程中，也可能有思想的流变性存在。那结构中的内容，是否仅仅是把各个参编者的表达组合在一起？若仅仅是简单的组合一体，那么各自也可能是特定性的。如此，著作还是存有特定性、流变性的因素。

二

《吕氏春秋》的"十二纪"，每纪五篇，共六十篇。"八览"每览八篇，其中《有始览》少一篇，共六十三篇。"六论"每论六篇，共三十六篇。另有《序意》一篇，全书共一百六十篇。

"纪"是记录、记述，"览"是观览、认知，"论"是论证、阐述。从内容上看，"十二纪"排列概述君王一年十二个月的政要，"八览"和"六论"作专题性的介绍论证。就是以"纪"为本，"览""论"在"纪"的基础上再阐发。

"纪"是根据春、夏、秋、冬四个季节排序的，每个季节又分"孟""仲""季"三个月，所以有"十二纪"。每"纪"第一篇的表述形式很统一，也很机械：首先是天象、地象，然后是君王行事的要点，最后告诫不能违时而为，违时必有灾难。只有"季夏纪"加了"中央土"一段，是特例。这是为了解决"五行"配"阴阳"的问题而加上去的。春、夏为阳，秋、冬为阴，阴阳相配的"五行"还少了一"行"，所以在"季夏纪"后补加一段来配全。

每"纪"后四篇的内容，是与四个季节的循环相配的人事活动，概之春生、夏长、秋收、冬藏，包括个人生活和国家活动两部分。个人生活部分，重点是养生、安死，这两个论题在"春纪"和"冬纪"中。国家活动部分，主要考虑"祀与戎"（《左传·成公十三年》）的问题。故而"夏纪"讲"学"和"乐"，"乐"也是"礼"；"秋纪"讲"兵"。这四个论题是"十二纪"逐月政事的关节。"纪"这部分，是全书的纲要。

习惯上说，每"纪"五篇。其实准确地表达，应该是每月一

"纪"，另附四篇，上文已述。而且，"一"与"四"组合成"五"，也是一个有中心的"五行"系统。其与"十二"所蕴含的"阴阳"相结合，也有了"阴阳五行"的意味。这是"阴阳"与"五行"合流，走向"阴阳五行"说的一个阶段标志。

这里补充一点，《吕不韦列传》记载的吕不韦把《吕氏春秋》"布咸阳市门"，那很可能只是"十二纪"的各第一篇文字，即标题表明的"十二纪"。那部分约六千字，才可能公布公示，在城门间让人阅读品评。若全书"二十余万言"（据通行本统计，不包括标点，近十二万字），似不大可能。其文字严谨，也就可自诩"能增损一字者予千金"。高诱以为"时人非不能也，盖惮相国，畏其势耳"（《吕氏春秋序》），这理由不足。在战国后期，士人横议尚是传统。秦朝初建时，朝廷讨论分封制还是郡县制的问题，依然能畅所欲言。吕不韦仿战国四公子，"以秦之强，羞不如，亦招致士，厚遇之，至食客三千人"（《吕不韦列传》），可见对这一传统的遵循。焚书坑儒以后，才有"惮""慑"的情形。"时人无能增损者"（《吕氏春秋序》），当是因为公布的"十二纪"确实精当高卓。若包括"八览""六论"，则粗糙可议处甚多。

由此也可推定，"十二纪"各第一篇的著作权当属于吕不韦。其可能有战国时期士人的认识成果，也应该有门人的参与，但是最后应该为吕不韦编著定稿。试想：若是战国时期已经有比较完整的著述，学人周知，吕不韦怎么可能会作为自己的著作，在咸阳城门外挂出来，贻笑大方呢？

解决了这个问题，"八览""六论"与"十二纪"的关系也就可以理清了。"八"是八方，比"四"（四面）更广阔。"六"指六合，是更为立体的空间视野，意思是继续做更全面的阐述。"十二纪"的"一"与"四"已经构成一个完整的结构体系，则可以认为，"八览""六论"是后来再增加上去的。

三

从原著的重要性说，当然首推每"纪"的第一篇。其"天人合一"的政治思想模式，缺乏现代性的意义，早已进入了历史博物馆，但是读《吕氏春秋》，还是应该了解一下。那些内容结构类同，我们举《孟春纪第一》，就可认识大概。

一曰：孟春之月，日在营室，昏参中，旦尾中。其日甲乙，其帝太皞，其神句芒，其虫鳞，其音角，律中太蔟，其数八，其味酸，其臭膻，其祀户，祭先脾。东风解冻，蛰虫始振，鱼上冰，獭祭鱼，候雁北。

天子居青阳左个，乘鸾辂，驾苍龙，载青旂，衣青衣，服青玉，食麦与羊，其器疏以达。

是月也，以立春。先立春三日，太史谒之天子曰："某日立春，盛德在木。"天子乃斋。立春之日，天子亲率三公、九卿、诸侯、大夫以迎春于东郊；还，乃赏卿、诸侯、大夫于朝。命相布德和令，行庆施惠，下及兆民。庆赐遂行，无有不当。乃命太史守典奉法，司天日月星辰之行，宿离不忒，无失经纪。以初为常。

是月也，天子乃以元日祈谷于上帝。乃择元辰，天子亲载耒耜，措之参于保介之御间，率三公、九卿、诸侯、大夫躬耕帝籍田。天子三推，三公五推，卿、诸侯、大夫九推。反，执爵于太寝，三公、九卿、诸侯、大夫皆御，命曰"劳酒"。

是月也，天气下降，地气上腾，天地和同，草木繁动。王布农事，命田舍东郊，皆修封疆，审端径术。善相丘陵阪险原隰，土地所宜，五谷所殖，以教道民，必躬亲之。田事既饬，先定准直，农乃不惑。

是月也，命乐正入学习舞。乃修祭典，命祀山林川泽，牺牲无用牝，禁止伐木；无覆巢，无杀孩虫、胎夭、飞鸟，无麛无卵；无聚大众，无置城郭，掩骼霾髊。

是月也，不可以称兵，称兵必有天殃。兵戎不起，不可以从我始。

无变天之道，无绝地之理，无乱人之纪。孟春行夏令，则风雨不时，草木早槁，国乃有恐；行秋令，则民大疫，疾风暴雨数至，藜莠蓬蒿并兴；行冬令，则水潦为败，霜雪大挚，首种不入。

先是介绍孟春月的天象地气，以及与之对应的天子生活规矩。然后五段"是月也"：第一段讲祭天、行政令；第二段是祈谷于上帝；第三段布置农事；第四段比较杂，包括入学习舞，祭祀山林川泽，禁止伐木杀生、城郭建设等；第五段专讲兵事。最后惩戒不合时宜的活动。其中有关农业的占两段，有关兵事的专门一段，可见两者在国家政治中的重要性。

这里，可知其要点有四：（1）以阴阳思想为纲。"十二纪"，即一年四季十二个月的政事纲要。"纪"是根据天地阴阳的变化而制定的。（2）具体的思想杂合。例如重视祭祀，学习礼乐，是儒家的传统。顺乎生命自然，不改天之道，是道家的准则。天子躬耕，以农事为本，是农家最强调的。严禁各种不合时宜的活动，又为法家所重。这些都组合在一起。（3）落实在政事实践要则上。那些国家政治经济活动，都有准则和程序，有严格的规定性,有规范的仪式要求,内容形式与目的相统一。(4)政事据"天道"(天时地气)而行。就是"法天地"和"因循",不得违背,也不得推迟或先行。"十二纪"的排序,就表示每一个月份的延伸有不同的政事要求,相配而行,各得其宜。

四

相比较,每"纪"的后四篇,以及"八览"和"六论"中的文字,保留了许多先秦文化和诸子思想资料,对于现代更有价值。其中重要的有:

《本生》篇,讲人生以养性为本,提出"利于性则取之,害于性则舍之,此全性之道",应该属于庄子一派的思想。

《贵公》篇,提出"治天下也,必先公。公则天下平矣"的观点,还阐释道:"天下非一人之天下也,天下之天下也。"其否定以血缘等差为本的礼乐政治模式,追求绝对公平、公正,当是对于墨家思想的发展。

《论人》篇,分析"先圣王之所以知人也",指出"内则用六戚四隐,外则用八观六验,人之情伪、贪鄙、美恶无所失矣",与韩非子的术家思想一脉。

《圜道》篇,讲"天道圜,地道方","精气一上一下,圜周复杂,无所稽留,故曰天道圜。……万物殊类殊形,皆有分职,不能相为,故曰地道方。主执圜,臣处方,方圜不易,其国乃昌"。这是关于"无为而治"政策的理论阐释,属于黄老一派的思想。

《劝学》篇,讲"先王之教,莫荣于孝,莫显于忠。忠孝,人君人亲之所甚欲也;显荣,人子人臣之所甚愿也",点明"忠孝"是礼教的重点。"甚欲""甚愿",强调实践的可行性,为孔子儒家思想无疑。

《古乐》篇，介述了从"昔葛天氏之乐，三人操牛尾，投足以歌八阕"到周初"为三象"的上古音乐史，强调音乐的社会政治功能。其属于儒家的美学思想，是中国音乐史、艺术史的重要资料。

《音初》篇，介绍"东音""南音""西音""北音"等地方音乐的起源和特征，指出"感于心则荡乎音，音成于外而化乎内"的审美特性和"乐之为观"的社会功能。这也属于儒家美学思想，是中国音乐史、艺术史的重要资料。

《荡兵》篇，提出"有义兵而无有偃兵"的观点，指出"义兵之为天下良药"，是对墨子"非攻"思想的批判发展。《振乱》篇也是，强调"攻伐之与救守一实也"。

《序意》篇，在"十二纪"之末，为"十二纪"的序言，是理解"十二纪"以及《吕氏春秋》思想内容的钥匙。其说道："盖闻古之清世，是法天地。凡十二纪者，所以纪治乱存亡也，所以知寿夭吉凶也。上揆之天，下验之地，中审之人，若此则是非可不可无所遁矣。天曰顺，顺维生；地曰固，固维宁；人曰信，信维听。三者咸当，无为而行。"重点是：人事要"法天地"，"无为而行"。

《有始览》篇，介述"天有九野，地有九州，土有九山，山有九塞，泽有九薮，风有八等，水有六川"的具体所指，是有关秦汉天文学、地理学的重要文献。

《应同》篇，介绍"土→木→金→火→水"的五行相生说，是重要的思想史资料。

《贵因》篇，阐述"因"的思想，指出"夫审天者，察列星而知四时，因也；推历者，视月行而知晦朔，因也"，"因则功"。就是一切以因循为本，就能有功。这原是阴阳家和黄老道家的核心思想，被吕不韦等所吸收，改造为杂家的思想原则。

《察今》篇，提出了历史发展的观点。其说道："凡先王之法，有要于时也。时不与法俱至，法虽今而至，犹若不可法。"这属于法家的思想。

《审分览》篇，讲"凡人主必审分，然后治可以至"，"正名审分，是治之辔已"，强调政治制度和管理的重要性，既继承文化传统，又重视政治理性，属于荀子的思想路线。

《不二》篇，提出"一则治，异则乱"的观点，倡导专制思想，启示了专制主义的政策。另"老耽贵柔，孔子贵仁，墨翟贵廉，关尹贵清，子列子贵虚，陈骈贵齐，阳生贵己，孙膑贵势，王廖贵先，倪良贵后"一段，是关于先秦诸子思想的重要资料。《执一》篇"一则治，两则乱"，也为专制主义思想的初起。

《离谓》篇，讲语言表达的社会功能问题，强调"言者以谕意也"，指出"言意相离，凶也"，其思想似为荀子一脉。但是其价值主要在于保留了一些先秦名家的资料。其后《淫辞》《不屈》《应言》也是。

《上农》《任地》《辩土》《审时》四篇，讲农业是国家政治的根本，以及农耕种植的技术要求等，是关于先秦农家的重要思想资料。其与上文先论述、再例据的结构体例不同，应该曾作为独立文本存在过。

五

一般认为，《吕氏春秋》的价值，在于保存了许多学派的著述，在思想资料方面。这个认识不够周全。

吕不韦是一个有极大抱负的政治家。《吕不韦列传》记：

"是时诸侯多辩士，如荀卿之徒，著书布天下。吕不韦乃使其客人人著所闻，集论以为'八览''六论''十二纪'，二十余万言。""荀卿之徒"指荀子学派，其以"礼"为本，融"法"入"礼"，建立了礼治主义的思想体系。"乃"表明仿效之，即有政治抱负在其中。

可以肯定，花费那么大的精力，编纂完成后又如此宣传，不是为了做文献资料的保存工作。他的目的，《序意》篇说得清楚，"所以纪治乱存亡也"，就是用于指导政治。徐复观说："其著《十二纪》之目的，乃以秦将统一天下，而预为其建立政治上之最高原则。其《十二纪》所不能尽，或尚须加以发明补充者，乃为《八览》《六论》以尽其意。"[1]正是这个意思。他想为即将到来的大一统政治提供指导思想。

那么，这个指导思想是什么呢？显然不是某一家、某一说，否则不会把许多观点杂合在一起。我们深入认识，会发现其所主张的是"因循"；用现代的话来说，就是不固执于某一学说，而根据时代社会的需要择取适宜的思想。

这个意思，《序意》已经说到："行数，循其理，平其私。""行"是实践操作，"数"是方式方法。如何实践操作呢？关键在于"平其私"。"私"指各家学说，"平"是平列存在、平等对待。《有始览》"平者，皆当察其情，处其形"解释得清楚，就是从特定的情况、具体的形势出发，能认识到各有适宜，没有高下优劣之分。如此，即"平"了。《序意》的旨意就是不让某一家学说独大，使各家学说处于平等的地位。运用这样

---

[1] 徐复观：《〈吕氏春秋〉及其对汉代学术与政治的影响》，《两汉思想史》第二卷，华东师范大学出版社2001年版，第3页。

的方式方法，就"循其理"了。显然，他认为在"无为"的态度下，不主观固执，各家学说（"私"）的可取（"行"）是自然成行的。（同为杂家的《淮南子》，在《要略》篇说："应变化。""权事而立制，度形而施宜。"表达更简明。下篇再介绍。）

这样就可以明白，《吕氏春秋》的杂合，原本并不是出于保存文献的考虑，而是为将来的大一统政治作指导思想方面的准备。其认为，各家思想都有相对的合理性，都可以作某种政治实践的指导之用，所以都应该记存下来，编辑在一起，作为备存。

"十二纪"的安排，就根据这样的"因循"思想，平等对待各家学说，各相配于春、夏、秋、冬的需要。《春纪》"本生""重己"，吸收杨朱道家；《夏纪》"劝学""大乐"，发扬儒家学说；《秋纪》重兵家，"荡兵""论威"；《冬纪》又改造墨家，"节丧""安死"：这些各家各派的思想这样组列在一起。假若不相配合，比如把兵家思想安排到《春纪》，把"节丧""安死"安排到《夏纪》，那就不是因循，是错误了。这里，各"纪"的内容，本身并无高低、优劣之分，只要各取其长，各适其用，就是适宜的。

对于同一问题，有不同的观点；把它们抄录并存在一起，也是准备"因循"的用途。例如《审分览》，《执一》篇主张："王者执一。……一则治，两则乱。"这是一元的认识论和专制主义政策。《不二》篇又说："老耽贵柔，孔子贵仁，墨翟贵兼，关尹贵清，列子贵虚，陈骈贵齐，阳生贵己，孙膑贵势，王廖贵先，倪良贵后：此十人者，皆天下之豪士也。"则肯定不同学派各有其思想价值，肯定多元性。这样杂合的意图就是：两者都有价值，可能有的历史条件下适宜用前者，但是换了历史条件，后者更适用。

这样的思想考虑贯彻始终。因此同一《览》、同一《论》中，总是诸说并存。例如《先识览》，着重认识国家政治的关键所在，但是思想路数不同。开首强调以民为本："贤主得贤者而民得，民得而城得，城得而地得。"显然与孟子"天时不如地利，地利不如人和"（《孟子·公孙丑下》）思想一致。《观世》讲"故王者不四，霸者不六，亡国相望，囚主相及。得士则无此之患"，近墨家"尚贤"一脉。《知接》讲"智者其所能接远也"，《悔过》讲"智亦有所不至"，强调"智"的重要性，与兵家、术家相似。《乐成》说"大智不形，大器晚成，大音希声"，《察微》说"凡持国，太上知始，其次知终，其次知中"，当为黄老道家的思想。《去宥》的"宥"通"囿"，指思想的局限性，因此说"别宥则能全其天矣"，这与《荀子》的"解蔽"近似。《正名》讲"名正则治，名丧则乱"，则又显然为名家学说。这些观点看上去不相统一、甚至矛盾的，杂合在一起，正是准备为不同阶段，或不同区域的社会政治所用，是出于"因循"的需要。

在《吕氏春秋》中，"因循"是本质性的。没有理解这一点，就会误以为，只是保存了许多学派的思想资料。

六

从高诱说"此书所尚，以道德为标的，以无为为纲纪"（《吕氏春秋序》）开始，不少学者把它列为"道家"，或明确为黄老道家，这也是考虑不周。

黄老道家确实特别讲"因循"。例如《老子》："道法自然。""自然"是自然而然、自然无为的意思，"法"是据自然而变化，就是"因循"。《管子》"必因于时也"（《宙合》），"因而财之"（《心术下》），也强调这一点。但是《吕氏春秋》提倡的"因循"，与黄老道家的意义内涵不一样。

（一）都是"因循"，黄老道家因循于"道"，《吕氏春秋》因循于"阴阳"。"道"是一定的、恒定的，"阴阳"是变化的。"道"是"一"，虽然混混沌沌，不可知晓，但一定是绝对的存在。所谓"道生一，一生二，二生三，三生万物"（《老子》第四十二章），"生"是后来的发展而已，并非"道"的本有状态。而"阴阳"，也指示一个客观规律性，但一定是时间性的、发展变化的。陈奇猷以为，《吕氏春秋》的"指导思想为阴阳家，其书之重点亦是阴阳家说"[①]，当是对这一点说的。战国后期，道家和阴阳家思想合流，才认为"道"具有"阴阳"属性，"道"与"阴阳"一体。

（二）都讲到"因循"中的"无为"，但黄老道家的主旨是不必为，《吕氏春秋》则强调不能妄为。因为"道"是"自然"的存在，又是一定的、恒定的，放之四海而皆准；那么在实践时，无论在任何场合、任何时期，遵循它就是了。《论六家要旨》说"以虚无为本，以因循为用"就归纳了这一点。而"阴阳"，总是在变化中，在因循时需要主体的选择。所以不是不必为，而是要根据阴阳规律去为，不主观妄为。

（三）"无为"作为观念，在黄老道家是绝对的，在《吕氏春秋》中并非。"道"是绝对性的存在，"道"的内质"无为"也就是绝对性的。但是《吕氏春秋》认为，现实需要"无为"就"无为"，需要"有为"就"有为"。具体实践时，选择哪一家

---

① 陈奇猷：《吕氏春秋校释》，学林出版社1994年版，第1980页。

思想，根据当时的需要而定，并非一概"无为"。

（四）在关于"因循"的认识和实践上，黄老道家是消极的，《吕氏春秋》是积极的。黄老道家的"因循"一定是"无为"的，一切顺乎自然，取消了主观能动性。而《吕氏春秋》要求把握阴阳规律，选择合适的思想学说，付诸社会政治实践，则一定与有所作为联系在一起。这样，"因循"必然是积极的，与黄老道家不同。

由此看，把《吕氏春秋》归入黄老道家，并没有把握其思想特质。"杂家"说是合理的。

七

最后，可以对"杂家"作一个基本认识：

"杂家"的"杂"，指杂合、杂就。《方言》："杂，集也。"《广雅》："杂，聚也。"就是这个意义。要注意的是，这里的"杂"是杂合，不是杂糅，是指取于众家、集合一起，并非糅而为一、杂为一体。

可以下这样一个定义：杂家是在战国末至汉初期间形成的，以因循于"阴阳"为原则，充分肯定并集合各家学说，且企图择取其中适合的以指导政治实践的思想学派。

《汉书·艺文志》对于"杂家"的界定也是此意。"兼儒、墨，合名、法，知国体之有此，见王治之无不贯，此其所长也。""兼"是兼取，"合"是集合，就是把儒、墨、名、法各家思想杂合起来。"见王治之无不贯"，"贯"是贯序的意思，表示序次，即按序排列。叶适《沈氏萱竹堂记》："莫不贯序以先后。""贯"即此义。"无不贯"，指把儒、墨、名、法等思想连贯组合，排列在一起，在"王治"实践时根据需要而选择运用。

具体地看，杂家有三个要点：

（1）因循为本。杂家没有一定的政治观点和规划，一切循从阴阳变化的规律。按照现在的说法，就是根据现实社会政治的需要去选择某一家思想；现实社会政治的需要变了，那就再去选择另一家适宜的。所谓"法天地"，"天地"的本质是阴阳变化的，"法"也就循此而变。

（2）系统构架。"十二纪"，就是十二个月的天道、地象、人事构成的系统。"纪"后四篇与"八览""六论"，以人事"法天地"，客观上完成的只是各家各派思想的杂合，但是从结构上看，构成了一个更大系统。

（3）杂合诸说。在这个系统内，把各家学说集合起来。如此，形成一个庞杂的思想资料库，为"人事"的"法"作备用。许多学者只看到思想内容"杂"的一面，未能理解其何以要"杂"。

这个因循，当然尚未有发展的理念，但是已经认识到阴阳变化是宇宙世界的本质存在，并以此指导人的活动。杂家与其他先秦诸子的不同，首先在于这个思想原则。其他各家（包括阴阳家），都有一定的政治思想观点。而杂家只是因循而言，在实践时根据需要而选用，并不坚持某一种具体观点。

这个系统，指宇宙世界，也指人类社会。在这个认识下，著作就会有整体性结构的考虑，使文体学得以发展。大家知道，之前的诸子著作，都是句录篇章，由后学编缀而成。《吕氏春秋》以后，整体结构才成为理所当然的问题。这样，也促进了系统思维的发展。

这个杂合，没有兼容的意思，与战国后期以本家思想为基础吸纳其他家学说不同。后者有核心和系统，即使后学的思想歧出，学派的主干也可寻觅出来。而杂家的杂合，保存了各家思想的原意。其所表明的，是各家政治思想和实践都有相应的价值，不能一概否定；思想方式也应该多元并存。

由此，可以看到杂家对中国思想文化的特别贡献。

八

《吕氏春秋》在《汉书·艺文志》中列为"杂家"。现存最早的注释，是汉代的高诱做的。清代毕沅《吕氏春秋新校正》，民国蒋维乔、杨宽等《吕氏春秋汇校》，做了整理工作。

若初读，王范之《吕氏春秋选注》比较适宜。刘元彦《〈吕氏春秋〉：兼容并蓄的杂家》是一部通达的介绍性著作。

若精读全书，可选许维遹《吕氏春秋集释》、陈奇猷《吕氏春秋新校释》。另田凤台《吕氏春秋探微》、何志华《吕氏春秋管窥》研究比较精到，王启才编的《〈吕氏春秋〉学术档案》也可参读。

《淮南子》

　　《淮南子》，又名《淮南鸿烈》《刘安子》。一般认为此书是由淮南王刘安总纂、其门客参与编著而成，是秦汉杂家的代表作。

　　刘安（前179—前122），沛郡丰县（今江苏徐州丰县）人，生于淮南（今属安徽）。汉高祖刘邦之孙，淮南厉王刘长之子。他是西汉初期的思想家、文学家和道家人物，也是世界上最早尝试热气球升空的实践者，中国豆腐的创始人。

　　《淮南子》留下来的有二十一篇。现今出版的通俗本，大多作了删略。

一

　　《淮南子》计有《原道训》《俶真训》《天文训》《坠形训》《时则训》《览冥训》《精神训》《本经训》《主术训》《缪称训》《齐俗训》《道应训》《氾论训》《诠言训》《兵略训》《说山训》《说林训》《人间训》《修务训》《泰族训》《要略》二十一篇。有学者认为，篇名中的"训"是东汉的高诱作注时加上去的，原来没有。这有道理，这里只是遵循习惯的表达。

上篇已经说过，杂家有三个特点：（1）因循为本，没有一定的政治观点和规划，只根据"阴阳"规律和政治需要择取某一家思想。（2）杂合兼取，就是选录诸家学说，杂合在一起，构成一个思想资料库，以备政治实践时所选用。（3）系统构架，把这些思想材料杂合在一起时，有结构性的安排。概之，杂家是因循于"阴阳"的原则和方法，杂合各家学说观点，并择取其中适合的以指导社会政治实践的思想学派。理解了这个特征，就能从整体上把握《淮南子》，走进它的世界。

"因循"是思想原则上的人事因循于天道。与《吕氏春秋》一样，《淮南子》也表达得很明确。例如《原道训》说："万物固以自然，圣人又何事焉？"《本经训》说："帝者体太一，王者法阴阳，霸者则四时。"这也是汉代政治的一般思想原则。

《淮南子》的篇章结构也充分体现了这个思想原则。《淮南子》二十一篇，前五篇《原道训》至《时则训》讲天道、天时，随后《览冥训》至《泰族训》十五篇讲政事、人生。后者所作的依据，可以从前者找到，很多还是机械的对应。

一些学者认为，第二十篇《泰族训》是全书的总结。"泰"通"太"，"族"有聚汇的意思，"泰族"就是对全书作总结。从篇名和主要部分看，这个观点有合理性，但是其所论重点也在政事、人生方面无疑。

后十五篇所论的政事、人生，各篇的思想观点和范畴都不一样，是杂合的。例如《精神训》重庄子之说，以精神修养为本；《主术训》讲黄老之道，吸收了早期法家的精神；《道应训》阐发老子思想；《兵略训》兼传孙子兵学；《修务训》《泰族训》

基本属于儒家观念。这样是为了各种特定性的政治实践和人事活动有相应的思想资料可参考，有充分的选择可能。

可以肯定地说，以为杂家的特征就是思想内容庞杂，其价值只在于保存了许多先秦诸子的思想资料，是认识上的买椟还珠。杂家的思想特质在"因循"之中，那些杂合在一起的各家思想资料，是为"因循"选择而备用的。那种结构性的安排，也为了安置"因循"选择时所需的思想资料。

所以《淮南子》反复强调这一点。例如《原道训》："各因所处。"《览冥训》："持自然之应。"《主术训》："各因其宜。"《氾论训》："法与时变，礼与俗化。"《诠言训》："三代之所道者，因也。"

其中，《要略》篇讲得最明确。

二

古人一般把序言放在后面，《淮南子》也是。读了最后一篇《要略》，就能了解《淮南子》的内容旨意。其可分为四段：

第一段至"有《泰族》也"。指出这部著作的本旨和思想方法，前者即"所以纪纲道德，经纬人事"，后者则"上考之天，下揆之地，中通诸理"。"纪"的原义，是散丝的头绪。"纲"原义，是网罟的纲绳。这里皆作动词用，意思是抓头绪、提纲挈领，指认识、揭示天地之道的本质和规律。"经纬人事"是关于政治方面的志向，表明《淮南子》与先秦诸子一样，关心现实政治的问题。该特别注意的是，这里的"道德"属于形而上的范畴，即下文与"人事"相对的"道"；不应理解为是现实层面的。否则，"纪纲道德，经纬人事"，不能与下文的"言道""言事"，"天地之理""人间之事"相对应。"上考之

天，下揆之地，中通诸理"，则是说思想研究的方法乃法天地
而行政事，为"天人合一"的思想。这段又分四层：（1）指出
这部著作的思想本旨；（2）指出思想研究的方法；（3）解释
"道德"与"人事"兼相阐述的必要性；（4）列述全书的二十篇
题目。

第二段至"帝王之道备矣"。分两层：（1）概述二十篇的
思想内容；（2）强调二十篇意义关联，不可缺略。二十篇的内
容涉及多家思想内容：有关于道家的，如"《原道》者，卢牟六
合，混沌万物，象太一之容"；关于儒家的，如"《本经》者，
所以明大圣之德，通维初之道"；关于术家（或说法家）的，如
"《主术》者，君人之事也。所以因作任督责，使群臣各尽其能
也"；关于阴阳家的，如"《天文》者，所以和阴阳之气，理日
月之光"；关于兵家的，如"《兵略》者，所以明战胜攻取之
数，形机之势，诈谲之变"。在概述中有一个特点，就是强调
"因"和"化"，即"因循"的思想。例如《原道训》："应待
万方。"《俶真训》："知变化之纪。"《天文训》："顺时运
之应。"《时则训》："因循仿依。"《主术训》："因作任督
责。"《泛论训》："兼稽时势之变，而与化推移。"《兵略
训》："体因循之道。"

第三段至"故商鞅之法生焉"。也分两层：（1）说明充分
杂合各家学说的必要性，以及"得本知末""穷道通义"的认识
原则，指出要推究思想产生的社会背景和历史必然性；（2）以
此原则历述春秋末以来的各种思想学说。例如，关于墨家学派：
"墨子学儒者之业，受孔子之术，以为其礼烦扰而不说，厚葬靡
财而贫民，［久］服伤生而害事，故背周道而行夏政。"描述墨
学从儒学中转出来的思想史轨迹，点明了墨家思想的特质及其产

生的原因。其中所强调的，是那些思想都合乎那个时代和社会的需要，各有产生的历史必然性和合理性，都应该肯定。这是关于"因循"思想的进一步阐述。

第四段讲道："观天地之象，通古今之事，权事而立制，度形而施宜。……理万物，应变化，通殊类；非循一迹之路，守一隅之指，拘系牵连之物，而不与世推移也。"这是对上文（也是对整部著作思想内容）的总结概括，重点有二：（1）指《淮南子》包罗天地万物、各家之说。"观天地之象，通古今之事""理万物""通殊类"，即表明这个意思。"理万物"是包罗天地一切，"通殊类"是汇通各种思想学说。（2）点明贯穿其中的"因循"原则。"权事"是对于特殊问题做特殊考虑，反对一般性、绝对性的认识。"施宜"是以合乎需要、适宜运用为准则。"应变化"的意思更明白，就是根据时代的需要而发展变化。这两点从理论上阐明了认识和实践的"因循"原则。

这应该是理解《淮南子》及杂家思想的钥匙。读杂家著作，应该先读《要略》篇。《要略》篇是最重要的杂家文献。

三

二十篇或有卓越的思想表述，或保存了某一家的思想资料。其中重要的有：

《原道训》，关于"道"本质的阐述。这属于黄老道家的"道"，所以说："漠然无为，而无不为也；澹然无治也，而无不治也。所谓无为者，不先物为也；所谓无不为者，因物之所为。所谓无治者，不易自然也；所谓无不治者，因物之相然也。"这是一种看上去顺乎自然、无所作为，而其实无所不为的政治策略。

《俶真训》，阐述庄子"无"的人生论。其说道："有始者，有未始有有始者，有未始有夫未始有有始者。""始"指时间，"未始"指时间的不存在，"未始有夫未始有有始者"则是连"无"的认识也无。又说道："有有者，有无者，有未始有有无者，有未始有夫未始有有无者。""有"和"无"指空间，"未始有有无者"指空间的不存在，"未始有夫未始有有无者"则是连不存在的认识也没有。这是讲宇宙世界的起源和发展的问题，其实在于论证生命的本质状态是一种朴素的"无"。

《天文训》，介述宇宙万物的起源，并介说"九野""五星""八风""五官""六府""七舍"等的具体内容。本旨在讲述"天人感应"，但是涉及那个时代天文、物候、气象学等方面的认识，弥足珍贵。

《坠形训》，介述了中国古代的自然地理和文化地理。前者包括"九州八极""九山""九塞""九薮""八风""六水"，后者有"海外三十五国"等，多神话色彩。

《时则训》，介述一年十二个月的天象政事，强调政事遵循天时而行。与《吕氏春秋》的"十二纪"类同。当为该时期一般政治活动的形式和原则。

《精神训》，区别了"精神"与"形体"的不同本源，认为"夫精神者，所受于天也；而形体者，所禀于地也"，强调养生以养精神为本，天人合一。

《本经训》，列述自古至今的政治史，认为"仁义"的观念、"贤圣"的作为不能从根本上解决问题，指出"帝者体太一，王者法阴阳，霸者则四时，君者用六律"，以顺乎天道为根本的政治原则。

《主术训》，讲国君统治的策略，强调"人主之术，处无为之事，而行不言之教"，"君人之道，处静以修身，俭约以率下"，是汉初黄老学说的重要文献。其中还说到"法籍礼仪者，所以禁君，使无擅断也"，可见法家学说的理想一面。

《兵略训》，阐述兵学思想，主要为儒家兵学。其指出"修政于境内，而远方慕其德；制胜于未战，而诸侯服其威"，强调"兵之胜败，本在于政"。这也继承了《孙子兵法》的一些观点。

《修务训》，列述神农、尧、舜、禹、汤五位圣人的事迹。其指出"以五圣观之，则莫得无为，明矣"，宣扬儒家学说，批判黄老的"无为"说。

《泰族训》，对全书作总结。讲天道至上，"圣人象之"。讲人类实践主要有政治、人生两个方面："治身，太上养神，其次养形；治国，太上养化，其次正法。"但是这篇更多阐述儒家思想，著述者当为儒家人士。

四

《淮南子》内容繁复，涉及天文、地理、政治、经济、军事、农作、音乐及神话等领域。许多学者认为是我国古代一部百科全书式的著作，从内容的丰富性讲，大致不误。当然，就其本旨，那些思想资料是为"因循"而备用的。

假如纯从思想资料性角度认识，道、儒、阴阳三家最多，也最重要。

道家以"道"为本，循"道"而行，核心是"无为而无不为"。但是，这个"道"依附于现实活动的意义需要，没有固定的内涵和外延，不是独立自存的；"无为而无不为"的具体所指也不一样。所以从客观出发，不能把"道"和"无为"抽象出来分析，而应该落实在特定的思想实践中去考察。

在《老子》简说中已经介绍过，从"道"发展出来的思想，有"老韩""黄老""老庄""老君"四派。《淮南子》中，也有这四派表达。

"老韩"一派在战国后期已经发达。其"无为而无不为"是君王的御臣之术，"无为"是表面的，是阴谋，"无不为"则是目的。《诠言训》与此一脉，例如说："无为制有为，术也。""放于术则强，审于数则宁。"

"黄老"一派在汉初最兴盛，讲君王"无为"，臣下"有为"。表面上看，君王没有什么行政指令，让社会自然运行，其效果则是"无不为"。《主术训》是这派的重要文献，因此也说："因循而任下，责成而不劳。""以弗治治之。"何以能"无不为"？是因为已有一套完全的法规，臣民据此奉行就可以了，不必再增加新的"为"（规定）。所以《主术训》又说："县法者，法不法也；设赏者，赏当赏也。法定之后，中程者赏，缺绳者诛。"所以，一些学者也称"黄老"一派为"道法家"。

"老庄"一派在魏晋时期大盛。其对政治取逃避的态度，而着重思考人生问题；强调顺乎自然，与天道契合，才能逍遥自在。其在汉初已有萌芽，"老庄"一词，就出现在《要略》篇中。《精神训》说的"夫静漠者，神明之宅也；虚无者，道之所居也"，即表达这种思想。

"老君"一派也在东汉后兴盛起来。其认为长生不老才是重要的，所以要服食丹药，炼气导引。《精神训》讨论"之所以不能终其寿命"的问题，已见其端倪。

这些列举，已可见集道家之大成。但是，我们不能据此以为

《淮南子》就是道家著作。因为在这部著作中，还有儒家、阴阳家等学派的思想。

儒家有讲"德政"和"礼治"的两派。前者以"德"为本，重视教化和移风易俗，孟子的"性善"说是其理论基础。后者以"礼"为本，重视社会规范制度的建设，甚至融"法"入"礼"。这一派的理论从荀子"性恶"说发展出来。

这两派《淮南子》都有。相比较，阐述"礼治"的更多。例如《氾论训》："故圣人制礼乐，而不制于礼乐。"《泰族训》："故先王之制法也，因民之所好而为之节文者也。"诸多章节文字还引自《荀子》。这也可以证明，荀学在汉初的影响超过孟学。

当然，《淮南子》中还有儒、道融合的思想。例如《诠言训》："为政之本，务在于安民；安民之本，在于足用；足用之本，在于勿夺时；勿夺时之本，在于省事；省事之本，在于节欲；节欲之本，在于反性；反性之本，在于去载。去载则虚，虚则平。平者道之素也；虚者道之舍也。"前半讲的是儒家政治，后半阐述的是道家思想。《泰族训》："治身，太上养神，其次养形；治国，太上养化，其次正法。"前句讲道家养生，后句讲儒家以礼教治国。

阴阳家的思想，最早在关于天文和地理的具体认识中，后来成为把握宇宙本质和发展规律的理论。一方面，阴为黑夜，阳为白天，阴阳构成时间；阴为山北，阳为山南，阴阳又为空间：这些成为上古人类最早的时空认识，也即关于宇宙本质的认识。另一方面，黑夜与白天是变更的，山北与山南可跨来跨去，一切都是变化着的，阴阳又给予发展规律的认识。这些自然世界的征状为人所熟悉，经过不断地抽象，就成了"阴阳"观念。《天文训》等篇即介绍了这样的阴阳家思想。

五

要了解中国古代的宇宙生成学说和天文地理认识，《淮南子》也是必读书。

《天文训》开首有一段，讲宇宙生成学说。大意是：天地还没有形成的时候，一片混沌，无形无声，所以称为太昭。"道"就在这混沌中创生，最初的状态是清虚空寂，清虚空寂生化出宇宙，宇宙生化出元气。这种元气有形态和限定性，其中清明的部分飘散上升形成了天，混浊的部分凝聚下沉形成了地。清明的气容易汇合，混浊的气难以凝聚，所以天首先形成，地后来定形。天地精气的融合产生了阴、阳二气，阴、阳二气精华的融合产生春、夏、秋、冬四季，四季各自精气的分布则产生万物。其中，阳气中的热气聚积又产生了火，火气的精华部分形成太阳；阴气中的寒气聚积又产生了水，水气的精华部分形成月亮。太阳、月亮之气所溢出的精华散布为星辰。天空包容着日月星辰，大地承载着水潦尘埃。显然，这是比《老子》"道生一，一生二，二生三，三生万物"更详细的描述。

另有一段，在《俶真训》开首，似乎也讲宇宙发展史。大意是：宇宙是一个由时间和空间构成的存在。从时间上看，有一个开始的时期，有一个未曾"开始"的时期，还有一个尚未有那"未曾开始"的时期。从空间上看，存在着"有"，也存在着"无"，还有未曾产生"有""无"的存在，更有尚未有那"未曾产生'有''无'"的存在。当然，这是从人的认识角度溯源上去的。从对人类自身的认识，拓展到对自然世界的认识，是上古思维的基本特征。

《天文训》有关于天文的认识："天有九野，九千九百九十九隅，去地五亿万里。五星、八风、二十八宿、五官、六府、紫宫、太微、轩辕、咸池、四守、天阿。""九野"是九个区域。"隅"是小区域。就是把天分成九个区域，再细分为九千九百九十九个小区。这些区域都距离大地有五亿万里，"五星"等是这些区域内的重要存在。另外，根据对木星运行轨道的研究，制订了岁星纪年法和干支纪年法。这种天文知识当然对应着人道，它的目的也在于为社会政治实践提出合理性的根据，但是，肯定有对自然规律的认识成果在内。

《坠形训》有关于地理的认识："天地之间，九州八极，土有九山，山有九塞，泽有九薮，风有八等，水有六品。"就是说：天地之间有九州八极，整个大地上有九座大山，九处要塞，九个湖泽；另外风有八类，水有六种。九座大山指会稽山、泰山、王屋山、首阳山、太华山、岐山、太行山、羊肠山、孟门山，九处要塞指太汾、渑阨、荆阮、方城、殽阪、井陉、令疵、句注和居庸，九个湖泽指具区、云梦、阳纡、大陆、圃田、孟诸、海隅、钜鹿、昭余，六条河流指黄河、赤水、辽河、黑河、长江和淮河。这些肯定在那个时代的生活区域内。《坠形训》还提出"东西为纬，南北为经"，是空间认识的有效方式，沿用至今。

再如"二十四时"，就是二十四节气，也是《天文训》首先总结出来的："两维之间，九十一度十六分度之五而升，日行一度，十五日为一节，以生二十四时之变。"是以北斗星的运行规律，来确定一年中二十四节气、十二月、四季的时序，用以指导政事、祭祀、农耕、渔猎，以及刑罚、军事等行为。这是小农业生产和乡居生活的指导方针，在当代也依然有意义。

这些认识基于生活的经验，不免是表面的、局部的。据此做进一步解释时，就不够科学，而往往与神话、巫术思维相关联，留存着上古文化的征状。例如《天文训》："昔者共工与颛顼争为帝，怒而触不周之山。天柱折，地维绝。天倾西北，故日月星辰移焉；地不满东南，故水潦尘埃归焉。"讲很早以前，共工和颛顼争当天帝，共工失败，一怒之下头撞不周山，撞折了擎天的柱子，扯断了系地的绳子。天向西北方倾斜，日月星辰就向西北方落下。地向东南方陷塌，水流尘土就流向东南方。其大略描述了中国的地理地形西高东低、江水东流的特征，而所做的解释是一则神话。

<h2 style="text-align:center">六</h2>

学界往往把《淮南子》与《吕氏春秋》作比较，认为两部书都为杂家的代表作，但是《吕氏春秋》比《淮南子》更典型。不少学者还认为，《淮南子》属于黄老道家学派。这样的认识不够客观。

从"杂"的内容数量来说，《吕氏春秋》当然比《淮南子》更显著。但是从编纂者的思想认识来看，应该《淮南子》更自觉。这从结构安排和理论认识两个方面可知。

上篇已说过，《吕氏春秋》的结构是以"十二纪"为纵线，每"纪"的后四篇和"览""论"为横线。"十二纪"是君王的政事纲要，是贯穿始终的轴心。每"纪"都是人事因循于天道，不能违时而为，违时必有灾难。以此为轴心，另附四篇，对人事问题加以阐述。人事问题包括：（1）个人的养生、安死，（2）国家的文教、兵事。所以"春纪"讲养生，"夏纪"讲文教，"秋纪"讲兵事，"冬纪"讲安死。这四个论题构成"十二纪"

逐月政事的关节。这样的结构和阐释不免太机械，太绝对。如此每个月按规定的去做，与黄老道家的因循无为相近了。

而《淮南子》，把"十二纪"的思想汇合进来，成为《时则训》一篇的内容，并不作为全书的纲要，只是杂合的一家学说。这样，也属于因循时可能择取的思想资源。这更显示杂家的思想特质。

在杂家理论方面，《淮南子》也更有贡献。《要略》篇说的"权事而立制，度形而施宜"，就是要认识政事的特殊性而建立相应制度，考量实体要求而实施适宜的措施。这明确阐述了杂家"杂"而"因"的思想特质，较之《吕氏春秋》，认识更加自觉和充分。

当然，仔细推敲的话，内容上《吕氏春秋》更杂些，《淮南子》更集中在道、儒、阴阳三家中。其中阴阳更多是一种思想方式，具体的观点主要在道、儒两家范畴内。王叔岷说"宗道、儒"①，正是。这个变化，也是杂家学派发展的表现。杂家旨在因循"阴阳"，择取各家中适合需要的思想资源以指导政治实践，自然会不断地精选。到了汉初，面对秦朝的结局、法家的不堪，认为道、儒、阴阳三家更能作为改善政治的思想资源。

秦汉以后，政治思想史的发展正是如此。儒家成为大一统政治的招牌；道家老庄化，遁为士人的精神园地；阴阳家则流向民间，成为小传统的核心成分。这三家，加上杂家反对、但是已经走上历史主舞台的法家，对中国历史文化的影响最大。

---

① 王叔岷：《先秦道法思想讲稿》，中华书局2007年版，第9页。

七

那么，杂家学派在中国古代思想史上有什么样的地位呢？概之，应该说是先秦子学向两汉经学的过渡环节，在这个历史文化的转折点上。

大家都知道，战国以后百家争鸣，诸子从各自的经验出发，提出不同的政治、人生学说，相互尖锐对立。至战国中后期，各家在坚持自己思想立场的同时吸收其他家的思想因素。其中有的融合起来，例如《荀子》，以"礼"为本，又融"法"入"礼"，"礼""法"并重，建立了礼治主义的思想体系。有的处于杂合状态，例如《管子》，《经言》组为管子以"商"辅"农"、以"法"补"礼"政治思想的记录或传述，以下七组是后学从法家、兵家、名家、农家、阴阳家、轻重家、黄老道家等方向的阐发或转进，呈现枝蔓杂芜的流变状态。

战国末至汉初的杂家，则是百家争鸣进一步发展的结果。他们认识到各家思想都有一定的合理性，在适宜的社会时代都有实践的价值，都不能简单否定，就发展出了杂家思想。因此杂家不以某一家思想为核心，不固执于一家一说，为大一统政治准备各种思想资源和方式，使之根据需要而取舍实践。

杂家以后的汉代经学，则沿着杂家"因循"的道路，走到了新高地。它以大一统政治为本旨，"法天地"而行，人事与宇宙世界构成系统，思想目的和形式与杂家一样。而且它认识到那个时代小农业经济和宗法社会的特殊性，由此独尊儒术，确立了以儒为本，兼取阴阳、道、法、名诸家学说的经学体系。

当然，以后两千年来的经学，一直固守"儒术"，鼓吹"天不变，道也不变"（《汉书·董仲舒传》），违背了"因循"的原则，以至僵化死亡。但是在那个时代，不失为"因循"的阶段性落实，是历史的阶段性要求。

今天了解杂家思想，还有现实意义。现时代与汉初有相似处，都处于旧文化制度崩坏、新文化制度尚在建立的历史转折期。在春秋战国时期，周天子失去了对天下的控制，礼崩乐坏，战乱不靖；面对这样的形势，先秦诸子提出各自的政治策略和人生观念。而现代以来，占据了两千年历史的政治文化制度被摧毁了，伦理传统也失去了绝对的影响力，知识分子所面临的，是与先秦诸子相似的历史使命。至今一百多年过去，各种思想兴起，互相争鸣，各有价值，也各有局限，现在该是到了新杂家的时代。那句"不管白猫黑猫，捉得老鼠就是好猫"，实为新杂家思想的现代注释。

新杂家以后，是新的综合创新。新思想的产生也就不远了！

八

《淮南子》原书内篇二十一卷，中篇八卷，外篇三十四卷，至今存世的只有内篇二十一卷。东汉时期，已有高诱注本和许慎注本。近人刘文典《淮南鸿烈集解》，集各家精华，颇有贡献。

现在初读，可选陈广忠的《淮南子译注》。若研究所用，该选张双棣《淮南子校释》。

研究著作，胡适最早，但是他的《淮南王书》比较粗略。民国学者卢锡烋等《读淮南子》、美国学者安乐哲《中国古代的统治艺术：〈淮南子·主术〉研究》，有见识。李增《淮南子哲学思想研究》、陈静《自由与秩序的困惑：〈淮南子〉研究》、孙纪文《淮南子研究》、马庆洲《淮南子考论》，也颇佳。

后　记

　　民国以来，有多种关于诸子思想的介绍读本，通达且有见解。如吕思勉《先秦学术概论》《经子解题》，杜国庠《先秦诸子思想概要》，陈柱《诸子概论》，蒋伯潜《诸子通考》，嵇文甫《春秋战国思想史话》，刘咸炘《子疏定本》，以及美国学者牟复礼的《中国思想之渊源》。但是，私以为，还是有一些没有讲清楚的。所以写了这本小书，希望能成为读诸子，以及中国文化思想的入门读物。私下期待的是，引导未阅读过的走进诸子的门，指示已阅读过的领会先秦思想本真。

　　其中有不少个人性的理解。这些观点大多以论文的形式发表过，主要的列述于下：

　　通论性的，有《重审先秦诸子思想的当代价值》（《学术月刊》2013年第4期）、《先秦诸子思潮的开端》（《诸子学刊》第七辑）、《"哲学""思想"抑或"文化基质"——先秦诸子的意义指向》（《江海学刊》2017年第2期）、《走近诸子的另一条路径》（《光明日报》2019年3月2日）、《诸子的学派分类与思想界别问题——读〈汉书·艺文志〉札记》（《诸子学刊》第

21辑）。

　　关于《论语》，有《〈论语〉的规范思想和个体意义》（《浙江海洋学院学报》1999年第1期）、《〈论语〉中的修养之道——从文本形式进入的思考》（《文史哲》2007年第5期）、《孔子对于"君子"意义的另一种界定》（《船山学刊》2012年第4期）、《孔门弟子对于孔子思想的发展》（《哲学与文化》2014年第8期）、《〈论语〉"君子"意义分疏》（《先秦诸子研究论文集》，凤凰出版社2018年版）。

　　关于《孙子兵法》，有《释〈孙子兵法〉中的"险"》（《浙江海洋学院学报》2002年第4期）、《春秋兵学对于先秦哲学思想的贡献》（《文史哲》2004年第2期）、《从"将"字读解〈孙子兵法〉的思想结构》（《浙江社会科学》2005年第1期）、《作为文化基质的〈孙子兵法〉》（《光明日报》2014年7月15日）。

　　关于《墨子》，有《墨子实用主义思想倾向探析》（《齐鲁学刊》1999年第2期）、《〈兼爱上〉〈非攻上〉〈节用上〉为墨子早期思想著作的论证》（《国学研究》第6卷）、《墨家思想的当代意义》（《社会科学报》2007年2月8日）。

　　关于《老子》，有《〈老子〉"道"的依附性和原始巫术思维》（《江海学刊》2001年第3期）、《今本〈老子〉与简本〈老子〉的关系》（《文献》2002年第4期）。

　　关于《庄子》，有《老庄思想特质的分界》（《理论月刊》2001年第7期）、《〈庄子〉"内篇"的思想特点及其与"外杂篇"的关系》（《国学研究》第12卷）、《〈逍遥游〉的思想流程》（《中华文史论丛》第77辑）、《〈庄子〉"卮言"的意义所在》（《学术月刊》2005年第4期）、《〈庄子〉"外杂篇"对于〈应帝王〉篇的思想发展》（《国学研究》第16卷）。

关于《公孙龙子》，有《〈公孙龙子〉：关于个体的自觉》（《内蒙古师范大学学报》1998年第1期）、《先秦名学发展的两条路向》（《哲学研究》2018年第2期）。

关于《管子》，有《〈管子·轻重〉"穀"的经济意义》（《科学·经济·社会》1997年第4期）、《管子学派的思想流变》（《国学研究》第44卷）。

关于《韩非子》，有《论韩非与荀子无思想传承关系》（《中州学刊》1998年第1期）、《先秦法治主义和术治主义的比较认识》（《贵州社会科学》1999年第5期）、《〈孙〉〈老〉〈韩〉的精神异变》（《中国哲学史》1998年第1期）。

关于《荀子》，有《荀子礼治主义对汉朝政治的开启意义》（《科学·经济·社会》1999年第1期）、《"人定胜天"思想的历史查考和认识》（《东岳论丛》2002年第2期）、《荀学与思孟后学的关系及其对理学的影响》（《东岳论丛》2003年第1期）。

关于《吕氏春秋》《淮南子》，有《〈吕氏春秋〉与〈吕览〉》（《光明日报》2020年3月28日）、《新杂家：新子学发展的趋向》（《诸子学刊》第18辑）。

另有若干篇尚未刊发，未予列入。这些只是想说明，这本小书所表达的都是经过了多年的思考。若以为不够具体，或该批评否定，可翻阅那些论文。当然，排列之时，特别鸣谢这许多年来杂志社和编辑老师的肯定和提携！

另外还需要说明，每篇后面的相关著作介绍，不过是个人阅读得益较多的而已，并非该领域的必读书目。多次犹豫之后，把它留下来，是想自己的一点体会，或能给后来者提供些许方便。若方家能补正于我，自不胜感谢！

　　写作这本小书，用了四年时间。期间常与胡启波兄、黄少华兄、陆国飞兄、王彦章兄、李正爱兄和王燕君等交流讨论。聆听朋友真诚的、透彻的意见，总不断得益且那么愉快！

　　现在能够出版，有赖浙江大学董平教授的推荐，浙江大学出版社和宋旭华兄、吴超君的接纳，也谨此致谢！

　　诸子有的在天空，有的在山顶，有的在地上，还有的在洞穴里。在天空的，指示精神的方向；在山顶的，指引人看得远一点；在地上的，指导更有目的、更理性地思考；在洞穴里的，也告诉你，周边的可能会有多少丑陋和阴险。

　　祈这本小书能帮助到诸子著作的阅读者。

张涅于浙江科技学院

2020 年 6 月 2 日